50

ANGIELSKO-POLSKIE

WYRAZY

z obrazkami

CZĘŚĆ

Ta książka należy do:

Dziękujemy

Chcesz otrzymać darmowy dodatek ?!

Napisz do nas:
kids2kids.publishing@gmail.com

Kids 2 Kids Publishing. All rights Reserved.

No part of this publication may be reproduced, distributed or transmitted in any form or be any means, including photocopying, recording or other electronic or mechanical method, without prior written permission of the publisher, except in the case of brief quotation embodied in critical reviews and certain other noncommercial uses permitted by copyright law.

50+

ENGLISH & POLISH

WORDS

with pictures

PART
2

This book belongs to:

_____

ENGLISH & ITALIAN
WORDS
with pictures

Important !

How to work with this book:

1. **Coloring** – give your child the freedom to choose colors and painting techniques, let them develop their creativity.

2. **Cutting** – it is worth starting with the simplest pictures and gradually moving to more and more difficult ones. Once your child perfects it, let them cut out the shape of the picture, not the dotted lines.

3. **Stick in on** – place the pictures in the part of the house where you spend the most time, so that you can recall and repeat the newly learned words while playing together.

4. **Memorize** – repeat the new words accordingly to the instructions at the end of the booklet. After some time, your child will remember these words permanently.

ANGIELSKO-POLSKIE
WYRAZY
z obrazkami

Ważne !

Metoda pracy z książeczką:

1. **Kolorowanie** – daj swojemu dziecku, swobodę doboru kolorów jak i technik malowania, niech rozwinie swoją kreatywność.

2. **Wycinanie** – zacznijcie od najprostszych obrazków i stopniowo przechodźcie do coraz trudniejszych. Gdy dziecko osiągnie perfekcję pozwól mu wycinać po kształcie obrazka a nie przerywanych liniach.

3. **Przyklejanie** – umieśćcie obrazki w tej części domu gdzie spędzacie najwięcej czasu, tak by podczas wspólnych zabaw przypominać i powtarzać nowo poznane słowa.

4. **Zapamiętywanie** – powtarzajcie nowe słowa zgodnie z instrukcją umieszczoną na końcu książeczki. Dzięki temu Twoje dziecko trwale je zapamięta.

50+ ŁATWYCH ANGIELSKO-POLSKICH SŁÓW ZE ZDJĘCIAMI! KSIĄŻECZKA DO KOLOROWANIA, WYCINANIA I NAUKI JĘZYKA DLA MAŁYCH DZIECI: NAUCZMY SIĘ KOLOROWANIA, WYCINANIA I PIERWSZYCH SŁÓW W JĘZYKU ANGIELSKIM 50+ EASY ENGLISH POLISH WORDS WITH PICTURES! COLORING, CUTTING AND LEARNING ACTIVITY BOOK FOR TODDLERS: LET'S LEARN SCISSOR SKILLS AND FIRST ANIMALS, FRUITS, VEGETABLES, SHAPES AND MORE 50+ ŁATWYCH ANGIELSKO-POLSKICH SŁÓW ZE ZDJĘCIAMI! KSIĄŻECZKA DO KOLOROWANIA, WYCINANIA I NAUKI JĘZYKA DLA MAŁYCH DZIECI: NAUCZMY SIĘ KOLOROWANIA, WYCINANIA I PIERWSZYCH SŁÓW W JĘZYKU ANGIELSKIM 50+ EASY ENGLISH POLISH WORDS WITH PICTURES! COLORING, CUTTING AND LEARNING ACTIVITY BOOK FOR TODDLERS: LET'S LEARN SCISSOR SKILLS AND FIRST ANIMALS, FRUITS, VEGETABLES, SHAPES AND MORE 50+ ŁATWYCH ANGIELSKO-POLSKICH SŁÓW ZE ZDJĘCIAMI! KSIĄŻECZKA DO KOLOROWANIA, WYCINANIA I NAUKI JĘZYKA DLA MAŁYCH DZIECI: NAUCZMY SIĘ KOLOROWANIA, WYCINANIA I PIERWSZYCH SŁÓW W JĘZYKU ANGIELSKIM 50+ EASY ENGLISH POLISH WORDS WITH PICTURES! COLORING, CUTTING AND LEARNING ACTIVITY BOOK FOR TODDLERS: LET'S LEARN SCISSOR SKILLS AND FIRST ANIMALS, FRUITS, VEGETABLES, SHAPES AND MORE 50+ ŁATWYCH ANGIELSKO-POLSKICH SŁÓW ZE

COLORS

KOLORY

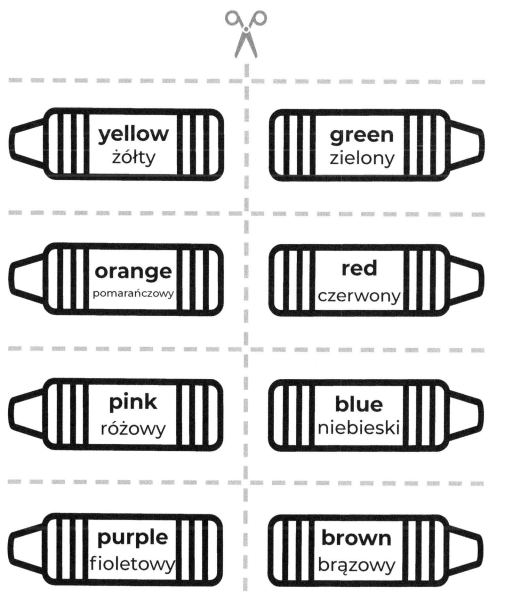

yellow
żółty

green
zielony

orange
pomarańczowy

red
czerwony

pink
różowy

blue
niebieski

purple
fioletowy

brown
brązowy

50+ ŁATWYCH ANGIELSKO-POLSKICH SŁÓW ZE ZDJĘCIAMI! KSIĄŻECZKA DO KOLOROWANIA, WYCINANIA I NAUKI JĘZYKA DLA MAŁYCH DZIECI: NAUCZMY SIĘ KOLOROWANIA, WYCINANIA I PIERWSZYCH SŁÓW W JĘZYKU ANGIELSKIM 50+ EASY ENGLISH POLISH WORDS WITH PICTURES! COLORING, CUTTING AND LEARNING ACTIVITY BOOK FOR TODDLERS: LET'S LEARN SCISSOR SKILLS AND FIRST ANIMALS, FRUITS, VEGETABLES, SHAPES AND MORE

50+ ŁATWYCH ANGIELSKO-POLSKICH SŁÓW ZE ZDJĘCIAMI! KSIĄŻECZKA DO KOLOROWANIA, WYCINANIA I NAUKI JĘZYKA DLA MAŁYCH DZIECI: NAUCZMY SIĘ KOLOROWANIA, WYCINANIA I PIERWSZYCH SŁÓW W JĘZYKU ANGIELSKIM 50+ EASY ENGLISH POLISH WORDS WITH PICTURES! COLORING, CUTTING AND LEARNING ACTIVITY BOOK FOR TODDLERS: LET'S LEARN SCISSOR SKILLS AND FIRST ANIMALS, FRUITS, VEGETABLES, SHAPES AND MORE

50+ ŁATWYCH ANGIELSKO-POLSKICH SŁÓW ZE ZDJĘCIAMI! KSIĄŻECZKA DO KOLOROWANIA, WYCINANIA I NAUKI JĘZYKA DLA MAŁYCH DZIECI: NAUCZMY SIĘ KOLOROWANIA, WYCINANIA I PIERWSZYCH SŁÓW W JĘZYKU ANGIELSKIM 50+ EASY ENGLISH POLISH WORDS WITH PICTURES! COLORING, CUTTING AND LEARNING ACTIVITY BOOK FOR TODDLERS: LET'S LEARN SCISSOR SKILLS AND FIRST ANIMALS, FRUITS, VEGETABLES, SHAPES AND MORE

50+ ŁATWYCH ANGIELSKO-POLSKICH SŁÓW ZE

SHAPES

KSZTAŁTY

CIRCLE

KOŁO

50+ ŁATWYCH ANGIELSKO-POLSKICH SŁÓW ZE ZDJĘCIAMI! KSIĄŻECZKA DO KOLOROWANIA, WYCINANIA I NAUKI JĘZYKA DLA MAŁYCH DZIECI: NAUCZMY SIĘ KOLOROWANIA, WYCINANIA I PIERWSZYCH SŁÓW W JĘZYKU ANGIELSKIM 50+ EASY ENGLISH POLISH WORDS WITH PICTURES! COLORING, CUTTING AND LEARNING ACTIVITY BOOK FOR TODDLERS: LET'S LEARN SCISSOR SKILLS AND FIRST ANIMALS, FRUITS, VEGETABLES, SHAPES AND MORE

50+ ŁATWYCH ANGIELSKO-POLSKICH SŁÓW ZE ZDJĘCIAMI! KSIĄŻECZKA DO KOLOROWANIA, WYCINANIA I NAUKI JĘZYKA DLA MAŁYCH DZIECI: NAUCZMY SIĘ KOLOROWANIA, WYCINANIA I PIERWSZYCH SŁÓW W JĘZYKU ANGIELSKIM 50+ EASY ENGLISH POLISH WORDS WITH PICTURES! COLORING, CUTTING AND LEARNING ACTIVITY BOOK FOR TODDLERS: LET'S LEARN SCISSOR SKILLS AND FIRST ANIMALS, FRUITS, VEGETABLES, SHAPES AND MORE

50+ ŁATWYCH ANGIELSKO-POLSKICH SŁÓW ZE ZDJĘCIAMI! KSIĄŻECZKA DO KOLOROWANIA, WYCINANIA I NAUKI JĘZYKA DLA MAŁYCH DZIECI: NAUCZMY SIĘ KOLOROWANIA, WYCINANIA I PIERWSZYCH SŁÓW W JĘZYKU ANGIELSKIM 50+ EASY ENGLISH POLISH WORDS WITH PICTURES! COLORING, CUTTING AND LEARNING ACTIVITY BOOK FOR TODDLERS: LET'S LEARN SCISSOR SKILLS AND FIRST ANIMALS, FRUITS, VEGETABLES, SHAPES AND MORE

50+ ŁATWYCH ANGIELSKO-POLSKICH SŁÓW ZE

SHAPES

KSZTAŁTY

OVAL

OWAL

50+ ŁATWYCH ANGIELSKO-POLSKICH SŁÓW ZE ZDJĘCIAMI! KSIĄŻECZKA DO KOLOROWANIA, WYCINANIA I NAUKI JĘZYKA DLA MAŁYCH DZIECI: NAUCZMY SIĘ KOLOROWANIA, WYCINANIA I PIERWSZYCH SŁÓW W JĘZYKU ANGIELSKIM 50+ EASY ENGLISH POLISH WORDS WITH PICTURES! COLORING, CUTTING AND LEARNING ACTIVITY BOOK FOR TODDLERS: LET'S LEARN SCISSOR SKILLS AND FIRST ANIMALS, FRUITS, VEGETABLES, SHAPES AND MORE

50+ ŁATWYCH ANGIELSKO-POLSKICH SŁÓW ZE ZDJĘCIAMI! KSIĄŻECZKA DO KOLOROWANIA, WYCINANIA I NAUKI JĘZYKA DLA MAŁYCH DZIECI: NAUCZMY SIĘ KOLOROWANIA, WYCINANIA I PIERWSZYCH SŁÓW W JĘZYKU ANGIELSKIM 50+ EASY ENGLISH POLISH WORDS WITH PICTURES! COLORING, CUTTING AND LEARNING ACTIVITY BOOK FOR TODDLERS: LET'S LEARN SCISSOR SKILLS AND FIRST ANIMALS, FRUITS, VEGETABLES, SHAPES AND MORE

50+ ŁATWYCH ANGIELSKO-POLSKICH SŁÓW ZE ZDJĘCIAMI! KSIĄŻECZKA DO KOLOROWANIA, WYCINANIA I NAUKI JĘZYKA DLA MAŁYCH DZIECI: NAUCZMY SIĘ KOLOROWANIA, WYCINANIA I PIERWSZYCH SŁÓW W JĘZYKU ANGIELSKIM 50+ EASY ENGLISH POLISH WORDS WITH PICTURES! COLORING, CUTTING AND LEARNING ACTIVITY BOOK FOR TODDLERS: LET'S LEARN SCISSOR SKILLS AND FIRST ANIMALS, FRUITS, VEGETABLES, SHAPES AND MORE

50+ ŁATWYCH ANGIELSKO-POLSKICH SŁÓW ZE

SHAPES

KSZTAŁTY

SQUARE

KWADRAT

50+ ŁATWYCH ANGIELSKO-POLSKICH SŁÓW ZE ZDJĘCIAMI! KSIĄŻECZKA DO KOLOROWANIA, WYCINANIA I NAUKI JĘZYKA DLA MAŁYCH DZIECI: NAUCZMY SIĘ KOLOROWANIA, WYCINANIA I PIERWSZYCH SŁÓW W JĘZYKU ANGIELSKIM 50+ EASY ENGLISH POLISH WORDS WITH PICTURES! COLORING, CUTTING AND LEARNING ACTIVITY BOOK FOR TODDLERS: LET'S LEARN SCISSOR SKILLS AND FIRST ANIMALS, FRUITS, VEGETABLES, SHAPES AND MORE

50+ ŁATWYCH ANGIELSKO-POLSKICH SŁÓW ZE ZDJĘCIAMI! KSIĄŻECZKA DO KOLOROWANIA, WYCINANIA I NAUKI JĘZYKA DLA MAŁYCH DZIECI: NAUCZMY SIĘ KOLOROWANIA, WYCINANIA I PIERWSZYCH SŁÓW W JĘZYKU ANGIELSKIM 50+ EASY ENGLISH POLISH WORDS WITH PICTURES! COLORING, CUTTING AND LEARNING ACTIVITY BOOK FOR TODDLERS: LET'S LEARN SCISSOR SKILLS AND FIRST ANIMALS, FRUITS, VEGETABLES, SHAPES AND MORE

50+ ŁATWYCH ANGIELSKO-POLSKICH SŁÓW ZE ZDJĘCIAMI! KSIĄŻECZKA DO KOLOROWANIA, WYCINANIA I NAUKI JĘZYKA DLA MAŁYCH DZIECI: NAUCZMY SIĘ KOLOROWANIA, WYCINANIA I PIERWSZYCH SŁÓW W JĘZYKU ANGIELSKIM 50+ EASY ENGLISH POLISH WORDS WITH PICTURES! COLORING, CUTTING AND LEARNING ACTIVITY BOOK FOR TODDLERS: LET'S LEARN SCISSOR SKILLS AND FIRST ANIMALS, FRUITS, VEGETABLES, SHAPES AND MORE

50+ ŁATWYCH ANGIELSKO-POLSKICH SŁÓW ZE

SHAPES

KSZTAŁTY

RECTANGLE

PROSTOKĄT

50+ ŁATWYCH ANGIELSKO-POLSKICH SŁÓW ZE ZDJĘCIAMI! KSIĄŻECZKA DO KOLOROWANIA, WYCINANIA I NAUKI JĘZYKA DLA MAŁYCH DZIECI: NAUCZMY SIĘ KOLOROWANIA, WYCINANIA I PIERWSZYCH SŁÓW W JĘZYKU ANGIELSKIM 50+ EASY ENGLISH POLISH WORDS WITH PICTURES! COLORING, CUTTING AND LEARNING ACTIVITY BOOK FOR TODDLERS: LET'S LEARN SCISSOR SKILLS AND FIRST ANIMALS, FRUITS, VEGETABLES, SHAPES AND MORE

50+ ŁATWYCH ANGIELSKO-POLSKICH SŁÓW ZE ZDJĘCIAMI! KSIĄŻECZKA DO KOLOROWANIA, WYCINANIA I NAUKI JĘZYKA DLA MAŁYCH DZIECI: NAUCZMY SIĘ KOLOROWANIA, WYCINANIA I PIERWSZYCH SŁÓW W JĘZYKU ANGIELSKIM 50+ EASY ENGLISH POLISH WORDS WITH PICTURES! COLORING, CUTTING AND LEARNING ACTIVITY BOOK FOR TODDLERS: LET'S LEARN SCISSOR SKILLS AND FIRST ANIMALS, FRUITS, VEGETABLES, SHAPES AND MORE

50+ ŁATWYCH ANGIELSKO-POLSKICH SŁÓW ZE ZDJĘCIAMI! KSIĄŻECZKA DO KOLOROWANIA, WYCINANIA I NAUKI JĘZYKA DLA MAŁYCH DZIECI: NAUCZMY SIĘ KOLOROWANIA, WYCINANIA I PIERWSZYCH SŁÓW W JĘZYKU ANGIELSKIM 50+ EASY ENGLISH POLISH WORDS WITH PICTURES! COLORING, CUTTING AND LEARNING ACTIVITY BOOK FOR TODDLERS: LET'S LEARN SCISSOR SKILLS AND FIRST ANIMALS, FRUITS, VEGETABLES, SHAPES AND MORE

50+ ŁATWYCH ANGIELSKO-POLSKICH SŁÓW ZE

SHAPES

KSZTAŁTY

TRIANGLE

TRÓJKĄT

50+ ŁATWYCH ANGIELSKO-POLSKICH SŁÓW ZE ZDJĘCIAMI! KSIĄŻECZKA DO KOLOROWANIA, WYCINANIA I NAUKI JĘZYKA DLA MAŁYCH DZIECI: NAUCZMY SIĘ KOLOROWANIA, WYCINANIA I PIERWSZYCH SŁÓW W JĘZYKU ANGIELSKIM 50+ EASY ENGLISH POLISH WORDS WITH PICTURES! COLORING, CUTTING AND LEARNING ACTIVITY BOOK FOR TODDLERS: LET'S LEARN SCISSOR SKILLS AND FIRST ANIMALS, FRUITS, VEGETABLES, SHAPES AND MORE

50+ ŁATWYCH ANGIELSKO-POLSKICH SŁÓW ZE ZDJĘCIAMI! KSIĄŻECZKA DO KOLOROWANIA, WYCINANIA I NAUKI JĘZYKA DLA MAŁYCH DZIECI: NAUCZMY SIĘ KOLOROWANIA, WYCINANIA I PIERWSZYCH SŁÓW W JĘZYKU ANGIELSKIM 50+ EASY ENGLISH POLISH WORDS WITH PICTURES! COLORING, CUTTING AND LEARNING ACTIVITY BOOK FOR TODDLERS: LET'S LEARN SCISSOR SKILLS AND FIRST ANIMALS, FRUITS, VEGETABLES, SHAPES AND MORE

50+ ŁATWYCH ANGIELSKO-POLSKICH SŁÓW ZE ZDJĘCIAMI! KSIĄŻECZKA DO KOLOROWANIA, WYCINANIA I NAUKI JĘZYKA DLA MAŁYCH DZIECI: NAUCZMY SIĘ KOLOROWANIA, WYCINANIA I PIERWSZYCH SŁÓW W JĘZYKU ANGIELSKIM 50+ EASY ENGLISH POLISH WORDS WITH PICTURES! COLORING, CUTTING AND LEARNING ACTIVITY BOOK FOR TODDLERS: LET'S LEARN SCISSOR SKILLS AND FIRST ANIMALS, FRUITS, VEGETABLES, SHAPES AND MORE

50+ ŁATWYCH ANGIELSKO-POLSKICH SŁÓW ZE

SHAPES

KSZTAŁTY

STAR

GWIAZDA

50+ ŁATWYCH ANGIELSKO-POLSKICH SŁÓW ZE ZDJĘCIAMI! KSIĄŻECZKA DO KOLOROWANIA, WYCINANIA I NAUKI JĘZYKA DLA MAŁYCH DZIECI: NAUCZMY SIĘ KOLOROWANIA, WYCINANIA I PIERWSZYCH SŁÓW W JĘZYKU ANGIELSKIM 50+ EASY ENGLISH POLISH WORDS WITH PICTURES! COLORING, CUTTING AND LEARNING ACTIVITY BOOK FOR TODDLERS: LET'S LEARN SCISSOR SKILLS AND FIRST ANIMALS, FRUITS, VEGETABLES, SHAPES AND MORE

50+ ŁATWYCH ANGIELSKO-POLSKICH SŁÓW ZE ZDJĘCIAMI! KSIĄŻECZKA DO KOLOROWANIA, WYCINANIA I NAUKI JĘZYKA DLA MAŁYCH DZIECI: NAUCZMY SIĘ KOLOROWANIA, WYCINANIA I PIERWSZYCH SŁÓW W JĘZYKU ANGIELSKIM 50+ EASY ENGLISH POLISH WORDS WITH PICTURES! COLORING, CUTTING AND LEARNING ACTIVITY BOOK FOR TODDLERS: LET'S LEARN SCISSOR SKILLS AND FIRST ANIMALS, FRUITS, VEGETABLES, SHAPES AND MORE

50+ ŁATWYCH ANGIELSKO-POLSKICH SŁÓW ZE ZDJĘCIAMI! KSIĄŻECZKA DO KOLOROWANIA, WYCINANIA I NAUKI JĘZYKA DLA MAŁYCH DZIECI: NAUCZMY SIĘ KOLOROWANIA, WYCINANIA I PIERWSZYCH SŁÓW W JĘZYKU ANGIELSKIM 50+ EASY ENGLISH POLISH WORDS WITH PICTURES! COLORING, CUTTING AND LEARNING ACTIVITY BOOK FOR TODDLERS: LET'S LEARN SCISSOR SKILLS AND FIRST ANIMALS, FRUITS, VEGETABLES, SHAPES AND MORE

50+ ŁATWYCH ANGIELSKO-POLSKICH SŁÓW ZE

SHAPES

KSZTAŁTY

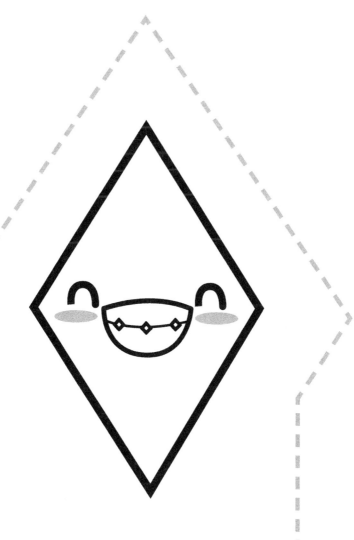

DIAMOND

ROMB

50+ ŁATWYCH ANGIELSKO-POLSKICH SŁÓW ZE ZDJĘCIAMI! KSIĄŻECZKA DO KOLOROWANIA, WYCINANIA I NAUKI JĘZYKA DLA MAŁYCH DZIECI: NAUCZMY SIĘ KOLOROWANIA, WYCINANIA I PIERWSZYCH SŁÓW W JĘZYKU ANGIELSKIM 50+ EASY ENGLISH POLISH WORDS WITH PICTURES! COLORING, CUTTING AND LEARNING ACTIVITY BOOK FOR TODDLERS: LET'S LEARN SCISSOR SKILLS AND FIRST ANIMALS, FRUITS, VEGETABLES, SHAPES AND MORE 50+ ŁATWYCH ANGIELSKO-POLSKICH SŁÓW ZE ZDJĘCIAMI! KSIĄŻECZKA DO KOLOROWANIA, WYCINANIA I NAUKI JĘZYKA DLA MAŁYCH DZIECI: NAUCZMY SIĘ KOLOROWANIA, WYCINANIA I PIERWSZYCH SŁÓW W JĘZYKU ANGIELSKIM 50+ EASY ENGLISH POLISH WORDS WITH PICTURES! COLORING, CUTTING AND LEARNING ACTIVITY BOOK FOR TODDLERS: LET'S LEARN SCISSOR SKILLS AND FIRST ANIMALS, FRUITS, VEGETABLES, SHAPES AND MORE 50+ ŁATWYCH ANGIELSKO-POLSKICH SŁÓW ZE ZDJĘCIAMI! KSIĄŻECZKA DO KOLOROWANIA, WYCINANIA I NAUKI JĘZYKA DLA MAŁYCH DZIECI: NAUCZMY SIĘ KOLOROWANIA, WYCINANIA I PIERWSZYCH SŁÓW W JĘZYKU ANGIELSKIM 50+ EASY ENGLISH POLISH WORDS WITH PICTURES! COLORING, CUTTING AND LEARNING ACTIVITY BOOK FOR TODDLERS: LET'S LEARN SCISSOR SKILLS AND FIRST ANIMALS, FRUITS, VEGETABLES, SHAPES AND MORE 50+ ŁATWYCH ANGIELSKO-POLSKICH SŁÓW ZE

SHAPES

KSZTAŁTY

HEART

SERCE

50+ ŁATWYCH ANGIELSKO-POLSKICH SŁÓW ZE ZDJĘCIAMI! KSIĄŻECZKA DO KOLOROWANIA, WYCINANIA I NAUKI JĘZYKA DLA MAŁYCH DZIECI: NAUCZMY SIĘ KOLOROWANIA, WYCINANIA I PIERWSZYCH SŁÓW W JĘZYKU ANGIELSKIM 50+ EASY ENGLISH POLISH WORDS WITH PICTURES! COLORING, CUTTING AND LEARNING ACTIVITY BOOK FOR TODDLERS: LET'S LEARN SCISSOR SKILLS AND FIRST ANIMALS, FRUITS, VEGETABLES, SHAPES AND MORE

50+ ŁATWYCH ANGIELSKO-POLSKICH SŁÓW ZE ZDJĘCIAMI! KSIĄŻECZKA DO KOLOROWANIA, WYCINANIA I NAUKI JĘZYKA DLA MAŁYCH DZIECI: NAUCZMY SIĘ KOLOROWANIA, WYCINANIA I PIERWSZYCH SŁÓW W JĘZYKU ANGIELSKIM 50+ EASY ENGLISH POLISH WORDS WITH PICTURES! COLORING, CUTTING AND LEARNING ACTIVITY BOOK FOR TODDLERS: LET'S LEARN SCISSOR SKILLS AND FIRST ANIMALS, FRUITS, VEGETABLES, SHAPES AND MORE

50+ ŁATWYCH ANGIELSKO-POLSKICH SŁÓW ZE ZDJĘCIAMI! KSIĄŻECZKA DO KOLOROWANIA, WYCINANIA I NAUKI JĘZYKA DLA MAŁYCH DZIECI: NAUCZMY SIĘ KOLOROWANIA, WYCINANIA I PIERWSZYCH SŁÓW W JĘZYKU ANGIELSKIM 50+ EASY ENGLISH POLISH WORDS WITH PICTURES! COLORING, CUTTING AND LEARNING ACTIVITY BOOK FOR TODDLERS: LET'S LEARN SCISSOR SKILLS AND FIRST ANIMALS, FRUITS, VEGETABLES, SHAPES AND MORE

50+ ŁATWYCH ANGIELSKO-POLSKICH SŁÓW ZE

CLOTHES

UBRANIA

HAT

KAPELUSZ

50+ ŁATWYCH ANGIELSKO-POLSKICH SŁÓW ZE ZDJĘCIAMI! KSIĄŻECZKA DO KOLOROWANIA, WYCINANIA I NAUKI JĘZYKA DLA MAŁYCH DZIECI: NAUCZMY SIĘ KOLOROWANIA, WYCINANIA I PIERWSZYCH SŁÓW W JĘZYKU ANGIELSKIM 50+ EASY ENGLISH POLISH WORDS WITH PICTURES! COLORING, CUTTING AND LEARNING ACTIVITY BOOK FOR TODDLERS: LET'S LEARN SCISSOR SKILLS AND FIRST ANIMALS, FRUITS, VEGETABLES, SHAPES AND MORE

50+ ŁATWYCH ANGIELSKO-POLSKICH SŁÓW ZE ZDJĘCIAMI! KSIĄŻECZKA DO KOLOROWANIA, WYCINANIA I NAUKI JĘZYKA DLA MAŁYCH DZIECI: NAUCZMY SIĘ KOLOROWANIA, WYCINANIA I PIERWSZYCH SŁÓW W JĘZYKU ANGIELSKIM 50+ EASY ENGLISH POLISH WORDS WITH PICTURES! COLORING, CUTTING AND LEARNING ACTIVITY BOOK FOR TODDLERS: LET'S LEARN SCISSOR SKILLS AND FIRST ANIMALS, FRUITS, VEGETABLES, SHAPES AND MORE

50+ ŁATWYCH ANGIELSKO-POLSKICH SŁÓW ZE ZDJĘCIAMI! KSIĄŻECZKA DO KOLOROWANIA, WYCINANIA I NAUKI JĘZYKA DLA MAŁYCH DZIECI: NAUCZMY SIĘ KOLOROWANIA, WYCINANIA I PIERWSZYCH SŁÓW W JĘZYKU ANGIELSKIM 50+ EASY ENGLISH POLISH WORDS WITH PICTURES! COLORING, CUTTING AND LEARNING ACTIVITY BOOK FOR TODDLERS: LET'S LEARN SCISSOR SKILLS AND FIRST ANIMALS, FRUITS, VEGETABLES, SHAPES AND MORE

50+ ŁATWYCH ANGIELSKO-POLSKICH SŁÓW ZE

CLOTHES

UBRANIA

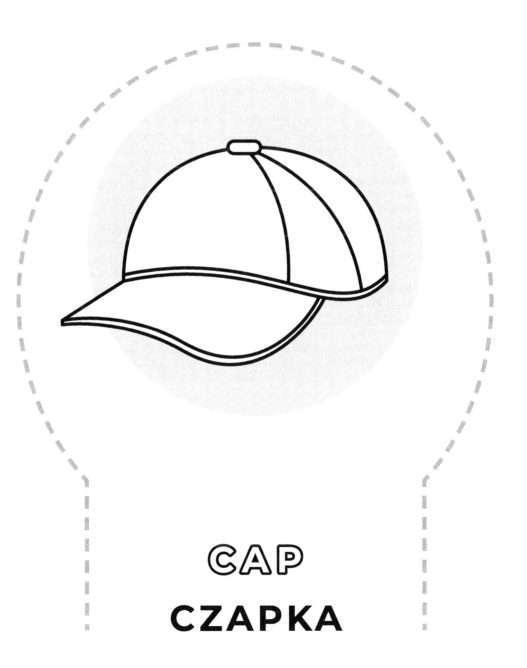

CAP

CZAPKA

50+ ŁATWYCH ANGIELSKO-POLSKICH SŁÓW ZE ZDJĘCIAMI! KSIĄŻECZKA DO KOLOROWANIA, WYCINANIA I NAUKI JĘZYKA DLA MAŁYCH DZIECI: NAUCZMY SIĘ KOLOROWANIA, WYCINANIA I PIERWSZYCH SŁÓW W JĘZYKU ANGIELSKIM 50+ EASY ENGLISH POLISH WORDS WITH PICTURES! COLORING, CUTTING AND LEARNING ACTIVITY BOOK FOR TODDLERS: LET'S LEARN SCISSOR SKILLS AND FIRST ANIMALS, FRUITS, VEGETABLES, SHAPES AND MORE

50+ ŁATWYCH ANGIELSKO-POLSKICH SŁÓW ZE ZDJĘCIAMI! KSIĄŻECZKA DO KOLOROWANIA, WYCINANIA I NAUKI JĘZYKA DLA MAŁYCH DZIECI: NAUCZMY SIĘ KOLOROWANIA, WYCINANIA I PIERWSZYCH SŁÓW W JĘZYKU ANGIELSKIM 50+ EASY ENGLISH POLISH WORDS WITH PICTURES! COLORING, CUTTING AND LEARNING ACTIVITY BOOK FOR TODDLERS: LET'S LEARN SCISSOR SKILLS AND FIRST ANIMALS, FRUITS, VEGETABLES, SHAPES AND MORE

50+ ŁATWYCH ANGIELSKO-POLSKICH SŁÓW ZE ZDJĘCIAMI! KSIĄŻECZKA DO KOLOROWANIA, WYCINANIA I NAUKI JĘZYKA DLA MAŁYCH DZIECI: NAUCZMY SIĘ KOLOROWANIA, WYCINANIA I PIERWSZYCH SŁÓW W JĘZYKU ANGIELSKIM 50+ EASY ENGLISH POLISH WORDS WITH PICTURES! COLORING, CUTTING AND LEARNING ACTIVITY BOOK FOR TODDLERS: LET'S LEARN SCISSOR SKILLS AND FIRST ANIMALS, FRUITS, VEGETABLES, SHAPES AND MORE

50+ ŁATWYCH ANGIELSKO-POLSKICH SŁÓW ZE

CLOTHES

UBRANIA

T-SHIRT

PODKOSZULEK

50+ ŁATWYCH ANGIELSKO-POLSKICH SŁÓW ZE ZDJĘCIAMI! KSIĄŻECZKA DO KOLOROWANIA, WYCINANIA I NAUKI JĘZYKA DLA MAŁYCH DZIECI: NAUCZMY SIĘ KOLOROWANIA, WYCINANIA I PIERWSZYCH SŁÓW W JĘZYKU ANGIELSKIM 50+ EASY ENGLISH POLISH WORDS WITH PICTURES! COLORING, CUTTING AND LEARNING ACTIVITY BOOK FOR TODDLERS: LET'S LEARN SCISSOR SKILLS AND FIRST ANIMALS, FRUITS, VEGETABLES, SHAPES AND MORE

50+ ŁATWYCH ANGIELSKO-POLSKICH SŁÓW ZE ZDJĘCIAMI! KSIĄŻECZKA DO KOLOROWANIA, WYCINANIA I NAUKI JĘZYKA DLA MAŁYCH DZIECI: NAUCZMY SIĘ KOLOROWANIA, WYCINANIA I PIERWSZYCH SŁÓW W JĘZYKU ANGIELSKIM 50+ EASY ENGLISH POLISH WORDS WITH PICTURES! COLORING, CUTTING AND LEARNING ACTIVITY BOOK FOR TODDLERS: LET'S LEARN SCISSOR SKILLS AND FIRST ANIMALS, FRUITS, VEGETABLES, SHAPES AND MORE

50+ ŁATWYCH ANGIELSKO-POLSKICH SŁÓW ZE ZDJĘCIAMI! KSIĄŻECZKA DO KOLOROWANIA, WYCINANIA I NAUKI JĘZYKA DLA MAŁYCH DZIECI: NAUCZMY SIĘ KOLOROWANIA, WYCINANIA I PIERWSZYCH SŁÓW W JĘZYKU ANGIELSKIM 50+ EASY ENGLISH POLISH WORDS WITH PICTURES! COLORING, CUTTING AND LEARNING ACTIVITY BOOK FOR TODDLERS: LET'S LEARN SCISSOR SKILLS AND FIRST ANIMALS, FRUITS, VEGETABLES, SHAPES AND MORE

50+ ŁATWYCH ANGIELSKO-POLSKICH SŁÓW ZE

CLOTHES

UBRANIA

BLOUSE

BLUZKA

50+ ŁATWYCH ANGIELSKO-POLSKICH SŁÓW ZE ZDJĘCIAMI! KSIĄŻECZKA DO KOLOROWANIA, WYCINANIA I NAUKI JĘZYKA DLA MAŁYCH DZIECI: NAUCZMY SIĘ KOLOROWANIA, WYCINANIA I PIERWSZYCH SŁÓW W JĘZYKU ANGIELSKIM 50+ EASY ENGLISH POLISH WORDS WITH PICTURES! COLORING, CUTTING AND LEARNING ACTIVITY BOOK FOR TODDLERS: LET'S LEARN SCISSOR SKILLS AND FIRST ANIMALS, FRUITS, VEGETABLES, SHAPES AND MORE

50+ ŁATWYCH ANGIELSKO-POLSKICH SŁÓW ZE ZDJĘCIAMI! KSIĄŻECZKA DO KOLOROWANIA, WYCINANIA I NAUKI JĘZYKA DLA MAŁYCH DZIECI: NAUCZMY SIĘ KOLOROWANIA, WYCINANIA I PIERWSZYCH SŁÓW W JĘZYKU ANGIELSKIM 50+ EASY ENGLISH POLISH WORDS WITH PICTURES! COLORING, CUTTING AND LEARNING ACTIVITY BOOK FOR TODDLERS: LET'S LEARN SCISSOR SKILLS AND FIRST ANIMALS, FRUITS, VEGETABLES, SHAPES AND MORE

50+ ŁATWYCH ANGIELSKO-POLSKICH SŁÓW ZE ZDJĘCIAMI! KSIĄŻECZKA DO KOLOROWANIA, WYCINANIA I NAUKI JĘZYKA DLA MAŁYCH DZIECI: NAUCZMY SIĘ KOLOROWANIA, WYCINANIA I PIERWSZYCH SŁÓW W JĘZYKU ANGIELSKIM 50+ EASY ENGLISH POLISH WORDS WITH PICTURES! COLORING, CUTTING AND LEARNING ACTIVITY BOOK FOR TODDLERS: LET'S LEARN SCISSOR SKILLS AND FIRST ANIMALS, FRUITS, VEGETABLES, SHAPES AND MORE

50+ ŁATWYCH ANGIELSKO-POLSKICH SŁÓW ZE

CLOTHES

UBRANIA

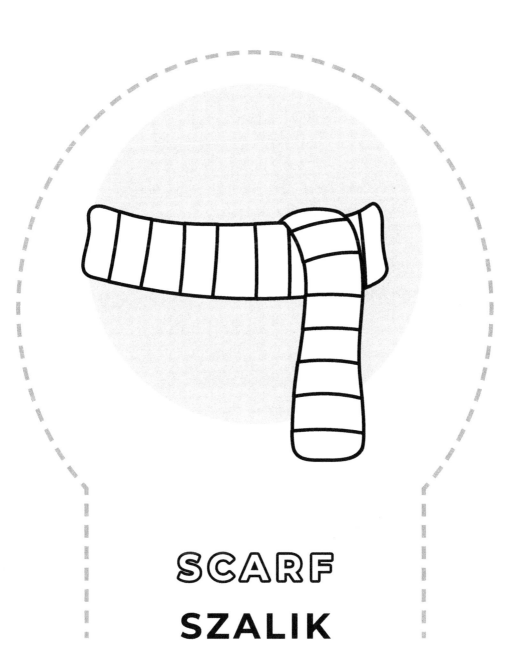

SCARF

SZALIK

50+ ŁATWYCH ANGIELSKO-POLSKICH SŁÓW ZE ZDJĘCIAMI! KSIĄŻECZKA DO KOLOROWANIA, WYCINANIA I NAUKI JĘZYKA DLA MAŁYCH DZIECI: NAUCZMY SIĘ KOLOROWANIA, WYCINANIA I PIERWSZYCH SŁÓW W JĘZYKU ANGIELSKIM 50+ EASY ENGLISH POLISH WORDS WITH PICTURES! COLORING, CUTTING AND LEARNING ACTIVITY BOOK FOR TODDLERS: LET'S LEARN SCISSOR SKILLS AND FIRST ANIMALS, FRUITS, VEGETABLES, SHAPES AND MORE

50+ ŁATWYCH ANGIELSKO-POLSKICH SŁÓW ZE ZDJĘCIAMI! KSIĄŻECZKA DO KOLOROWANIA, WYCINANIA I NAUKI JĘZYKA DLA MAŁYCH DZIECI: NAUCZMY SIĘ KOLOROWANIA, WYCINANIA I PIERWSZYCH SŁÓW W JĘZYKU ANGIELSKIM 50+ EASY ENGLISH POLISH WORDS WITH PICTURES! COLORING, CUTTING AND LEARNING ACTIVITY BOOK FOR TODDLERS: LET'S LEARN SCISSOR SKILLS AND FIRST ANIMALS, FRUITS, VEGETABLES, SHAPES AND MORE

50+ ŁATWYCH ANGIELSKO-POLSKICH SŁÓW ZE ZDJĘCIAMI! KSIĄŻECZKA DO KOLOROWANIA, WYCINANIA I NAUKI JĘZYKA DLA MAŁYCH DZIECI: NAUCZMY SIĘ KOLOROWANIA, WYCINANIA I PIERWSZYCH SŁÓW W JĘZYKU ANGIELSKIM 50+ EASY ENGLISH POLISH WORDS WITH PICTURES! COLORING, CUTTING AND LEARNING ACTIVITY BOOK FOR TODDLERS: LET'S LEARN SCISSOR SKILLS AND FIRST ANIMALS, FRUITS, VEGETABLES, SHAPES AND MORE

50+ ŁATWYCH ANGIELSKO-POLSKICH SŁÓW ZE

CLOTHES

UBRANIA

SHOES

OBUWIE

50+ ŁATWYCH ANGIELSKO-POLSKICH SŁÓW ZE ZDJĘCIAMI! KSIĄŻECZKA DO KOLOROWANIA, WYCINANIA I NAUKI JĘZYKA DLA MAŁYCH DZIECI: NAUCZMY SIĘ KOLOROWANIA, WYCINANIA I PIERWSZYCH SŁÓW W JĘZYKU ANGIELSKIM 50+ EASY ENGLISH POLISH WORDS WITH PICTURES! COLORING, CUTTING AND LEARNING ACTIVITY BOOK FOR TODDLERS: LET'S LEARN SCISSOR SKILLS AND FIRST ANIMALS, FRUITS, VEGETABLES, SHAPES AND MORE

50+ ŁATWYCH ANGIELSKO-POLSKICH SŁÓW ZE ZDJĘCIAMI! KSIĄŻECZKA DO KOLOROWANIA, WYCINANIA I NAUKI JĘZYKA DLA MAŁYCH DZIECI: NAUCZMY SIĘ KOLOROWANIA, WYCINANIA I PIERWSZYCH SŁÓW W JĘZYKU ANGIELSKIM 50+ EASY ENGLISH POLISH WORDS WITH PICTURES! COLORING, CUTTING AND LEARNING ACTIVITY BOOK FOR TODDLERS: LET'S LEARN SCISSOR SKILLS AND FIRST ANIMALS, FRUITS, VEGETABLES, SHAPES AND MORE

50+ ŁATWYCH ANGIELSKO-POLSKICH SŁÓW ZE ZDJĘCIAMI! KSIĄŻECZKA DO KOLOROWANIA, WYCINANIA I NAUKI JĘZYKA DLA MAŁYCH DZIECI: NAUCZMY SIĘ KOLOROWANIA, WYCINANIA I PIERWSZYCH SŁÓW W JĘZYKU ANGIELSKIM 50+ EASY ENGLISH POLISH WORDS WITH PICTURES! COLORING, CUTTING AND LEARNING ACTIVITY BOOK FOR TODDLERS: LET'S LEARN SCISSOR SKILLS AND FIRST ANIMALS, FRUITS, VEGETABLES, SHAPES AND MORE

50+ ŁATWYCH ANGIELSKO-POLSKICH SŁÓW ZE

CLOTHES

UBRANIA

SOCKS

SKARPETKI

50+ ŁATWYCH ANGIELSKO-POLSKICH SŁÓW ZE ZDJĘCIAMI! KSIĄŻECZKA DO KOLOROWANIA, WYCINANIA I NAUKI JĘZYKA DLA MAŁYCH DZIECI: NAUCZMY SIĘ KOLOROWANIA, WYCINANIA I PIERWSZYCH SŁÓW W JĘZYKU ANGIELSKIM 50+ EASY ENGLISH POLISH WORDS WITH PICTURES! COLORING, CUTTING AND LEARNING ACTIVITY BOOK FOR TODDLERS: LET'S LEARN SCISSOR SKILLS AND FIRST ANIMALS, FRUITS, VEGETABLES, SHAPES AND MORE

50+ ŁATWYCH ANGIELSKO-POLSKICH SŁÓW ZE ZDJĘCIAMI! KSIĄŻECZKA DO KOLOROWANIA, WYCINANIA I NAUKI JĘZYKA DLA MAŁYCH DZIECI: NAUCZMY SIĘ KOLOROWANIA, WYCINANIA I PIERWSZYCH SŁÓW W JĘZYKU ANGIELSKIM 50+ EASY ENGLISH POLISH WORDS WITH PICTURES! COLORING, CUTTING AND LEARNING ACTIVITY BOOK FOR TODDLERS: LET'S LEARN SCISSOR SKILLS AND FIRST ANIMALS, FRUITS, VEGETABLES, SHAPES AND MORE

50+ ŁATWYCH ANGIELSKO-POLSKICH SŁÓW ZE ZDJĘCIAMI! KSIĄŻECZKA DO KOLOROWANIA, WYCINANIA I NAUKI JĘZYKA DLA MAŁYCH DZIECI: NAUCZMY SIĘ KOLOROWANIA, WYCINANIA I PIERWSZYCH SŁÓW W JĘZYKU ANGIELSKIM 50+ EASY ENGLISH POLISH WORDS WITH PICTURES! COLORING, CUTTING AND LEARNING ACTIVITY BOOK FOR TODDLERS: LET'S LEARN SCISSOR SKILLS AND FIRST ANIMALS, FRUITS, VEGETABLES, SHAPES AND MORE

50+ ŁATWYCH ANGIELSKO-POLSKICH SŁÓW ZE

CLOTHES

UBRANIA

GLOVES

RĘKAWICZKI

50+ ŁATWYCH ANGIELSKO-POLSKICH SŁÓW ZE ZDJĘCIAMI! KSIĄŻECZKA DO KOLOROWANIA, WYCINANIA I NAUKI JĘZYKA DLA MAŁYCH DZIECI: NAUCZMY SIĘ KOLOROWANIA, WYCINANIA I PIERWSZYCH SŁÓW W JĘZYKU ANGIELSKIM 50+ EASY ENGLISH POLISH WORDS WITH PICTURES! COLORING, CUTTING AND LEARNING ACTIVITY BOOK FOR TODDLERS: LET'S LEARN SCISSOR SKILLS AND FIRST ANIMALS, FRUITS, VEGETABLES, SHAPES AND MORE

50+ ŁATWYCH ANGIELSKO-POLSKICH SŁÓW ZE ZDJĘCIAMI! KSIĄŻECZKA DO KOLOROWANIA, WYCINANIA I NAUKI JĘZYKA DLA MAŁYCH DZIECI: NAUCZMY SIĘ KOLOROWANIA, WYCINANIA I PIERWSZYCH SŁÓW W JĘZYKU ANGIELSKIM 50+ EASY ENGLISH POLISH WORDS WITH PICTURES! COLORING, CUTTING AND LEARNING ACTIVITY BOOK FOR TODDLERS: LET'S LEARN SCISSOR SKILLS AND FIRST ANIMALS, FRUITS, VEGETABLES, SHAPES AND MORE

50+ ŁATWYCH ANGIELSKO-POLSKICH SŁÓW ZE ZDJĘCIAMI! KSIĄŻECZKA DO KOLOROWANIA, WYCINANIA I NAUKI JĘZYKA DLA MAŁYCH DZIECI: NAUCZMY SIĘ KOLOROWANIA, WYCINANIA I PIERWSZYCH SŁÓW W JĘZYKU ANGIELSKIM 50+ EASY ENGLISH POLISH WORDS WITH PICTURES! COLORING, CUTTING AND LEARNING ACTIVITY BOOK FOR TODDLERS: LET'S LEARN SCISSOR SKILLS AND FIRST ANIMALS, FRUITS, VEGETABLES, SHAPES AND MORE

50+ ŁATWYCH ANGIELSKO-POLSKICH SŁÓW ZE

HUMAN

CZŁOWIEK

GIRL

DZIEWCZYNKA

50+ ŁATWYCH ANGIELSKO-POLSKICH SŁÓW ZE ZDJĘCIAMI! KSIĄŻECZKA DO KOLOROWANIA, WYCINANIA I NAUKI JĘZYKA DLA MAŁYCH DZIECI: NAUCZMY SIĘ KOLOROWANIA, WYCINANIA I PIERWSZYCH SŁÓW W JĘZYKU ANGIELSKIM 50+ EASY ENGLISH POLISH WORDS WITH PICTURES! COLORING, CUTTING AND LEARNING ACTIVITY BOOK FOR TODDLERS: LET'S LEARN SCISSOR SKILLS AND FIRST ANIMALS, FRUITS, VEGETABLES, SHAPES AND MORE 50+ ŁATWYCH ANGIELSKO-POLSKICH SŁÓW ZE ZDJĘCIAMI! KSIĄŻECZKA DO KOLOROWANIA, WYCINANIA I NAUKI JĘZYKA DLA MAŁYCH DZIECI: NAUCZMY SIĘ KOLOROWANIA, WYCINANIA I PIERWSZYCH SŁÓW W JĘZYKU ANGIELSKIM 50+ EASY ENGLISH POLISH WORDS WITH PICTURES! COLORING, CUTTING AND LEARNING ACTIVITY BOOK FOR TODDLERS: LET'S LEARN SCISSOR SKILLS AND FIRST ANIMALS, FRUITS, VEGETABLES, SHAPES AND MORE 50+ ŁATWYCH ANGIELSKO-POLSKICH SŁÓW ZE ZDJĘCIAMI! KSIĄŻECZKA DO KOLOROWANIA, WYCINANIA I NAUKI JĘZYKA DLA MAŁYCH DZIECI: NAUCZMY SIĘ KOLOROWANIA, WYCINANIA I PIERWSZYCH SŁÓW W JĘZYKU ANGIELSKIM 50+ EASY ENGLISH POLISH WORDS WITH PICTURES! COLORING, CUTTING AND LEARNING ACTIVITY BOOK FOR TODDLERS: LET'S LEARN SCISSOR SKILLS AND FIRST ANIMALS, FRUITS, VEGETABLES, SHAPES AND MORE 50+ ŁATWYCH ANGIELSKO-POLSKICH SŁÓW ZE

HUMAN

CZŁOWIEK

BOY

CHŁOPIEC

50+ ŁATWYCH ANGIELSKO-POLSKICH SŁÓW ZE ZDJĘCIAMI! KSIĄŻECZKA DO KOLOROWANIA, WYCINANIA I NAUKI JĘZYKA DLA MAŁYCH DZIECI: NAUCZMY SIĘ KOLOROWANIA, WYCINANIA I PIERWSZYCH SŁÓW W JĘZYKU ANGIELSKIM 50+ EASY ENGLISH POLISH WORDS WITH PICTURES! COLORING, CUTTING AND LEARNING ACTIVITY BOOK FOR TODDLERS: LET'S LEARN SCISSOR SKILLS AND FIRST ANIMALS, FRUITS, VEGETABLES, SHAPES AND MORE

50+ ŁATWYCH ANGIELSKO-POLSKICH SŁÓW ZE ZDJĘCIAMI! KSIĄŻECZKA DO KOLOROWANIA, WYCINANIA I NAUKI JĘZYKA DLA MAŁYCH DZIECI: NAUCZMY SIĘ KOLOROWANIA, WYCINANIA I PIERWSZYCH SŁÓW W JĘZYKU ANGIELSKIM 50+ EASY ENGLISH POLISH WORDS WITH PICTURES! COLORING, CUTTING AND LEARNING ACTIVITY BOOK FOR TODDLERS: LET'S LEARN SCISSOR SKILLS AND FIRST ANIMALS, FRUITS, VEGETABLES, SHAPES AND MORE

50+ ŁATWYCH ANGIELSKO-POLSKICH SŁÓW ZE ZDJĘCIAMI! KSIĄŻECZKA DO KOLOROWANIA, WYCINANIA I NAUKI JĘZYKA DLA MAŁYCH DZIECI: NAUCZMY SIĘ KOLOROWANIA, WYCINANIA I PIERWSZYCH SŁÓW W JĘZYKU ANGIELSKIM 50+ EASY ENGLISH POLISH WORDS WITH PICTURES! COLORING, CUTTING AND LEARNING ACTIVITY BOOK FOR TODDLERS: LET'S LEARN SCISSOR SKILLS AND FIRST ANIMALS, FRUITS, VEGETABLES, SHAPES AND MORE

50+ ŁATWYCH ANGIELSKO-POLSKICH SŁÓW ZE

BODY PARTS

CZĘŚCI CIAŁA

FACE

TWARZ

50+ ŁATWYCH ANGIELSKO-POLSKICH SŁÓW ZE ZDJĘCIAMI! KSIĄŻECZKA DO KOLOROWANIA, WYCINANIA I NAUKI JĘZYKA DLA MAŁYCH DZIECI: NAUCZMY SIĘ KOLOROWANIA, WYCINANIA I PIERWSZYCH SŁÓW W JĘZYKU ANGIELSKIM 50+ EASY ENGLISH POLISH WORDS WITH PICTURES! COLORING, CUTTING AND LEARNING ACTIVITY BOOK FOR TODDLERS: LET'S LEARN SCISSOR SKILLS AND FIRST ANIMALS, FRUITS, VEGETABLES, SHAPES AND MORE

50+ ŁATWYCH ANGIELSKO-POLSKICH SŁÓW ZE ZDJĘCIAMI! KSIĄŻECZKA DO KOLOROWANIA, WYCINANIA I NAUKI JĘZYKA DLA MAŁYCH DZIECI: NAUCZMY SIĘ KOLOROWANIA, WYCINANIA I PIERWSZYCH SŁÓW W JĘZYKU ANGIELSKIM 50+ EASY ENGLISH POLISH WORDS WITH PICTURES! COLORING, CUTTING AND LEARNING ACTIVITY BOOK FOR TODDLERS: LET'S LEARN SCISSOR SKILLS AND FIRST ANIMALS, FRUITS, VEGETABLES, SHAPES AND MORE

50+ ŁATWYCH ANGIELSKO-POLSKICH SŁÓW ZE ZDJĘCIAMI! KSIĄŻECZKA DO KOLOROWANIA, WYCINANIA I NAUKI JĘZYKA DLA MAŁYCH DZIECI: NAUCZMY SIĘ KOLOROWANIA, WYCINANIA I PIERWSZYCH SŁÓW W JĘZYKU ANGIELSKIM 50+ EASY ENGLISH POLISH WORDS WITH PICTURES! COLORING, CUTTING AND LEARNING ACTIVITY BOOK FOR TODDLERS: LET'S LEARN SCISSOR SKILLS AND FIRST ANIMALS, FRUITS, VEGETABLES, SHAPES AND MORE

50+ ŁATWYCH ANGIELSKO-POLSKICH SŁÓW ZE

BODY PARTS

CZĘŚCI CIAŁA

HEAD

GŁOWA

50+ ŁATWYCH ANGIELSKO-POLSKICH SŁÓW ZE ZDJĘCIAMI! KSIĄŻECZKA DO KOLOROWANIA, WYCINANIA I NAUKI JĘZYKA DLA MAŁYCH DZIECI: NAUCZMY SIĘ KOLOROWANIA, WYCINANIA I PIERWSZYCH SŁÓW W JĘZYKU ANGIELSKIM 50+ EASY ENGLISH POLISH WORDS WITH PICTURES! COLORING, CUTTING AND LEARNING ACTIVITY BOOK FOR TODDLERS: LET'S LEARN SCISSOR SKILLS AND FIRST ANIMALS, FRUITS, VEGETABLES, SHAPES AND MORE

50+ ŁATWYCH ANGIELSKO-POLSKICH SŁÓW ZE ZDJĘCIAMI! KSIĄŻECZKA DO KOLOROWANIA, WYCINANIA I NAUKI JĘZYKA DLA MAŁYCH DZIECI: NAUCZMY SIĘ KOLOROWANIA, WYCINANIA I PIERWSZYCH SŁÓW W JĘZYKU ANGIELSKIM 50+ EASY ENGLISH POLISH WORDS WITH PICTURES! COLORING, CUTTING AND LEARNING ACTIVITY BOOK FOR TODDLERS: LET'S LEARN SCISSOR SKILLS AND FIRST ANIMALS, FRUITS, VEGETABLES, SHAPES AND MORE

50+ ŁATWYCH ANGIELSKO-POLSKICH SŁÓW ZE ZDJĘCIAMI! KSIĄŻECZKA DO KOLOROWANIA, WYCINANIA I NAUKI JĘZYKA DLA MAŁYCH DZIECI: NAUCZMY SIĘ KOLOROWANIA, WYCINANIA I PIERWSZYCH SŁÓW W JĘZYKU ANGIELSKIM 50+ EASY ENGLISH POLISH WORDS WITH PICTURES! COLORING, CUTTING AND LEARNING ACTIVITY BOOK FOR TODDLERS: LET'S LEARN SCISSOR SKILLS AND FIRST ANIMALS, FRUITS, VEGETABLES, SHAPES AND MORE

50+ ŁATWYCH ANGIELSKO-POLSKICH SŁÓW ZE

BODY PARTS

CZĘŚCI CIAŁA

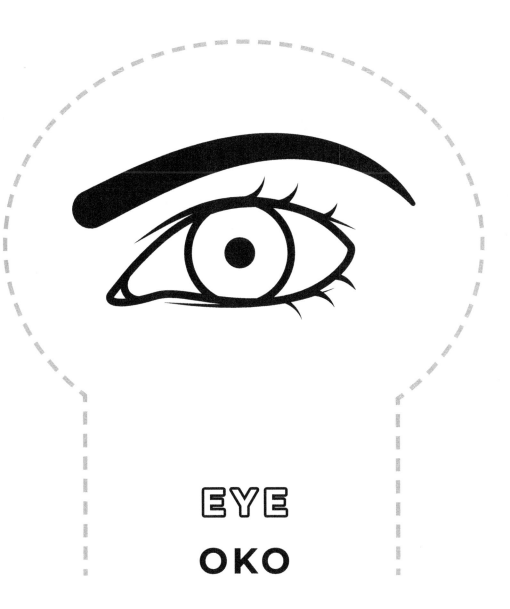

EYE

OKO

50+ ŁATWYCH ANGIELSKO-POLSKICH SŁÓW ZE ZDJĘCIAMI! KSIĄŻECZKA DO KOLOROWANIA, WYCINANIA I NAUKI JĘZYKA DLA MAŁYCH DZIECI: NAUCZMY SIĘ KOLOROWANIA, WYCINANIA I PIERWSZYCH SŁÓW W JĘZYKU ANGIELSKIM 50+ EASY ENGLISH POLISH WORDS WITH PICTURES! COLORING, CUTTING AND LEARNING ACTIVITY BOOK FOR TODDLERS: LET'S LEARN SCISSOR SKILLS AND FIRST ANIMALS, FRUITS, VEGETABLES, SHAPES AND MORE

50+ ŁATWYCH ANGIELSKO-POLSKICH SŁÓW ZE ZDJĘCIAMI! KSIĄŻECZKA DO KOLOROWANIA, WYCINANIA I NAUKI JĘZYKA DLA MAŁYCH DZIECI: NAUCZMY SIĘ KOLOROWANIA, WYCINANIA I PIERWSZYCH SŁÓW W JĘZYKU ANGIELSKIM 50+ EASY ENGLISH POLISH WORDS WITH PICTURES! COLORING, CUTTING AND LEARNING ACTIVITY BOOK FOR TODDLERS: LET'S LEARN SCISSOR SKILLS AND FIRST ANIMALS, FRUITS, VEGETABLES, SHAPES AND MORE

50+ ŁATWYCH ANGIELSKO-POLSKICH SŁÓW ZE ZDJĘCIAMI! KSIĄŻECZKA DO KOLOROWANIA, WYCINANIA I NAUKI JĘZYKA DLA MAŁYCH DZIECI: NAUCZMY SIĘ KOLOROWANIA, WYCINANIA I PIERWSZYCH SŁÓW W JĘZYKU ANGIELSKIM 50+ EASY ENGLISH POLISH WORDS WITH PICTURES! COLORING, CUTTING AND LEARNING ACTIVITY BOOK FOR TODDLERS: LET'S LEARN SCISSOR SKILLS AND FIRST ANIMALS, FRUITS, VEGETABLES, SHAPES AND MORE

50+ ŁATWYCH ANGIELSKO-POLSKICH SŁÓW ZE

BODY PARTS

CZĘŚCI CIAŁA

LIPS

USTA

50+ ŁATWYCH ANGIELSKO-POLSKICH SŁÓW ZE ZDJĘCIAMI! KSIĄŻECZKA DO KOLOROWANIA, WYCINANIA I NAUKI JĘZYKA DLA MAŁYCH DZIECI: NAUCZMY SIĘ KOLOROWANIA, WYCINANIA I PIERWSZYCH SŁÓW W JĘZYKU ANGIELSKIM 50+ EASY ENGLISH POLISH WORDS WITH PICTURES! COLORING, CUTTING AND LEARNING ACTIVITY BOOK FOR TODDLERS: LET'S LEARN SCISSOR SKILLS AND FIRST ANIMALS, FRUITS, VEGETABLES, SHAPES AND MORE 50+ ŁATWYCH ANGIELSKO-POLSKICH SŁÓW ZE ZDJĘCIAMI! KSIĄŻECZKA DO KOLOROWANIA, WYCINANIA I NAUKI JĘZYKA DLA MAŁYCH DZIECI: NAUCZMY SIĘ KOLOROWANIA, WYCINANIA I PIERWSZYCH SŁÓW W JĘZYKU ANGIELSKIM 50+ EASY ENGLISH POLISH WORDS WITH PICTURES! COLORING, CUTTING AND LEARNING ACTIVITY BOOK FOR TODDLERS: LET'S LEARN SCISSOR SKILLS AND FIRST ANIMALS, FRUITS, VEGETABLES, SHAPES AND MORE 50+ ŁATWYCH ANGIELSKO-POLSKICH SŁÓW ZE ZDJĘCIAMI! KSIĄŻECZKA DO KOLOROWANIA, WYCINANIA I NAUKI JĘZYKA DLA MAŁYCH DZIECI: NAUCZMY SIĘ KOLOROWANIA, WYCINANIA I PIERWSZYCH SŁÓW W JĘZYKU ANGIELSKIM 50+ EASY ENGLISH POLISH WORDS WITH PICTURES! COLORING, CUTTING AND LEARNING ACTIVITY BOOK FOR TODDLERS: LET'S LEARN SCISSOR SKILLS AND FIRST ANIMALS, FRUITS, VEGETABLES, SHAPES AND MORE 50+ ŁATWYCH ANGIELSKO-POLSKICH SŁÓW ZE

BODY PARTS

CZĘŚCI CIAŁA

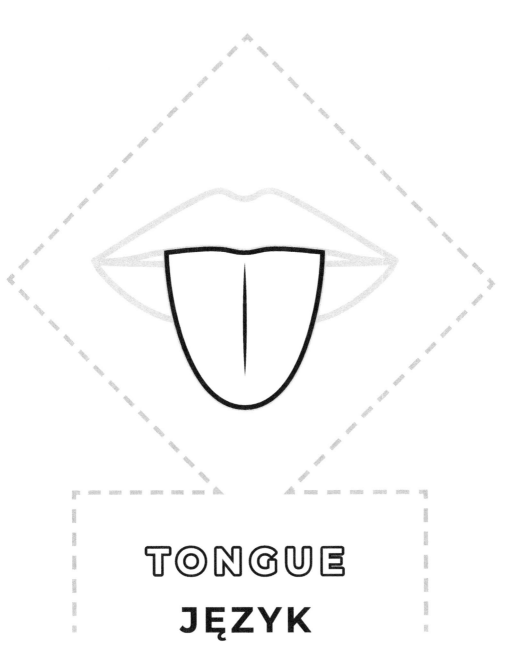

TONGUE

JĘZYK

50+ ŁATWYCH ANGIELSKO-POLSKICH SŁÓW ZE ZDJĘCIAMI! KSIĄŻECZKA DO KOLOROWANIA, WYCINANIA I NAUKI JĘZYKA DLA MAŁYCH DZIECI: NAUCZMY SIĘ KOLOROWANIA, WYCINANIA I PIERWSZYCH SŁÓW W JĘZYKU ANGIELSKIM 50+ EASY ENGLISH POLISH WORDS WITH PICTURES! COLORING, CUTTING AND LEARNING ACTIVITY BOOK FOR TODDLERS: LET'S LEARN SCISSOR SKILLS AND FIRST ANIMALS, FRUITS, VEGETABLES, SHAPES AND MORE

50+ ŁATWYCH ANGIELSKO-POLSKICH SŁÓW ZE ZDJĘCIAMI! KSIĄŻECZKA DO KOLOROWANIA, WYCINANIA I NAUKI JĘZYKA DLA MAŁYCH DZIECI: NAUCZMY SIĘ KOLOROWANIA, WYCINANIA I PIERWSZYCH SŁÓW W JĘZYKU ANGIELSKIM 50+ EASY ENGLISH POLISH WORDS WITH PICTURES! COLORING, CUTTING AND LEARNING ACTIVITY BOOK FOR TODDLERS: LET'S LEARN SCISSOR SKILLS AND FIRST ANIMALS, FRUITS, VEGETABLES, SHAPES AND MORE

50+ ŁATWYCH ANGIELSKO-POLSKICH SŁÓW ZE ZDJĘCIAMI! KSIĄŻECZKA DO KOLOROWANIA, WYCINANIA I NAUKI JĘZYKA DLA MAŁYCH DZIECI: NAUCZMY SIĘ KOLOROWANIA, WYCINANIA I PIERWSZYCH SŁÓW W JĘZYKU ANGIELSKIM 50+ EASY ENGLISH POLISH WORDS WITH PICTURES! COLORING, CUTTING AND LEARNING ACTIVITY BOOK FOR TODDLERS: LET'S LEARN SCISSOR SKILLS AND FIRST ANIMALS, FRUITS, VEGETABLES, SHAPES AND MORE

50+ ŁATWYCH ANGIELSKO-POLSKICH SŁÓW ZE

BODY PARTS
CZĘŚCI CIAŁA

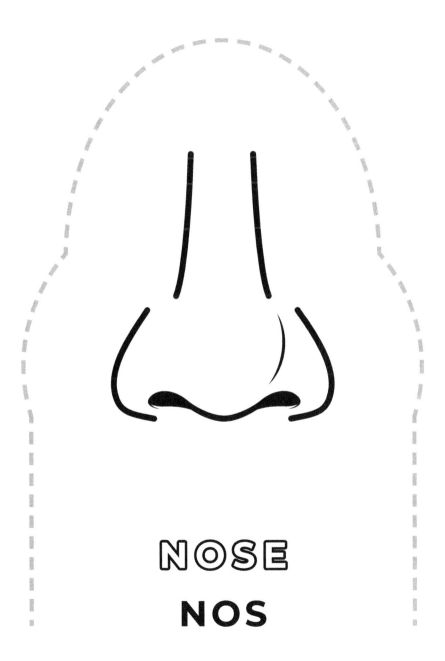

NOSE

NOS

50+ ŁATWYCH ANGIELSKO-POLSKICH SŁÓW ZE ZDJĘCIAMI! KSIĄŻECZKA DO KOLOROWANIA, WYCINANIA I NAUKI JĘZYKA DLA MAŁYCH DZIECI: NAUCZMY SIĘ KOLOROWANIA, WYCINANIA I PIERWSZYCH SŁÓW W JĘZYKU ANGIELSKIM 50+ EASY ENGLISH POLISH WORDS WITH PICTURES! COLORING, CUTTING AND LEARNING ACTIVITY BOOK FOR TODDLERS: LET'S LEARN SCISSOR SKILLS AND FIRST ANIMALS, FRUITS, VEGETABLES, SHAPES AND MORE

50+ ŁATWYCH ANGIELSKO-POLSKICH SŁÓW ZE ZDJĘCIAMI! KSIĄŻECZKA DO KOLOROWANIA, WYCINANIA I NAUKI JĘZYKA DLA MAŁYCH DZIECI: NAUCZMY SIĘ KOLOROWANIA, WYCINANIA I PIERWSZYCH SŁÓW W JĘZYKU ANGIELSKIM 50+ EASY ENGLISH POLISH WORDS WITH PICTURES! COLORING, CUTTING AND LEARNING ACTIVITY BOOK FOR TODDLERS: LET'S LEARN SCISSOR SKILLS AND FIRST ANIMALS, FRUITS, VEGETABLES, SHAPES AND MORE

50+ ŁATWYCH ANGIELSKO-POLSKICH SŁÓW ZE ZDJĘCIAMI! KSIĄŻECZKA DO KOLOROWANIA, WYCINANIA I NAUKI JĘZYKA DLA MAŁYCH DZIECI: NAUCZMY SIĘ KOLOROWANIA, WYCINANIA I PIERWSZYCH SŁÓW W JĘZYKU ANGIELSKIM 50+ EASY ENGLISH POLISH WORDS WITH PICTURES! COLORING, CUTTING AND LEARNING ACTIVITY BOOK FOR TODDLERS: LET'S LEARN SCISSOR SKILLS AND FIRST ANIMALS, FRUITS, VEGETABLES, SHAPES AND MORE

50+ ŁATWYCH ANGIELSKO-POLSKICH SŁÓW ZE

BODY PARTS

CZĘŚCI CIAŁA

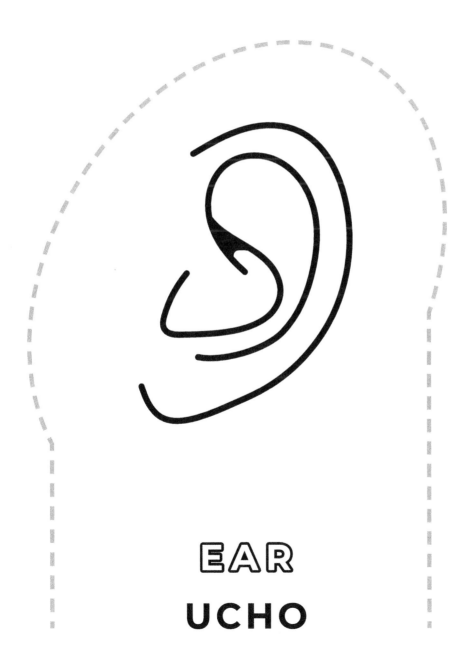

EAR

UCHO

50+ ŁATWYCH ANGIELSKO-POLSKICH SŁÓW ZE ZDJĘCIAMI! KSIĄŻECZKA DO KOLOROWANIA, WYCINANIA I NAUKI JĘZYKA DLA MAŁYCH DZIECI: NAUCZMY SIĘ KOLOROWANIA, WYCINANIA I PIERWSZYCH SŁÓW W JĘZYKU ANGIELSKIM 50+ EASY ENGLISH POLISH WORDS WITH PICTURES! COLORING, CUTTING AND LEARNING ACTIVITY BOOK FOR TODDLERS: LET'S LEARN SCISSOR SKILLS AND FIRST ANIMALS, FRUITS, VEGETABLES, SHAPES AND MORE

50+ ŁATWYCH ANGIELSKO-POLSKICH SŁÓW ZE ZDJĘCIAMI! KSIĄŻECZKA DO KOLOROWANIA, WYCINANIA I NAUKI JĘZYKA DLA MAŁYCH DZIECI: NAUCZMY SIĘ KOLOROWANIA, WYCINANIA I PIERWSZYCH SŁÓW W JĘZYKU ANGIELSKIM 50+ EASY ENGLISH POLISH WORDS WITH PICTURES! COLORING, CUTTING AND LEARNING ACTIVITY BOOK FOR TODDLERS: LET'S LEARN SCISSOR SKILLS AND FIRST ANIMALS, FRUITS, VEGETABLES, SHAPES AND MORE

50+ ŁATWYCH ANGIELSKO-POLSKICH SŁÓW ZE ZDJĘCIAMI! KSIĄŻECZKA DO KOLOROWANIA, WYCINANIA I NAUKI JĘZYKA DLA MAŁYCH DZIECI: NAUCZMY SIĘ KOLOROWANIA, WYCINANIA I PIERWSZYCH SŁÓW W JĘZYKU ANGIELSKIM 50+ EASY ENGLISH POLISH WORDS WITH PICTURES! COLORING, CUTTING AND LEARNING ACTIVITY BOOK FOR TODDLERS: LET'S LEARN SCISSOR SKILLS AND FIRST ANIMALS, FRUITS, VEGETABLES, SHAPES AND MORE

50+ ŁATWYCH ANGIELSKO-POLSKICH SŁÓW ZE

BODY PARTS

CZĘŚCI CIAŁA

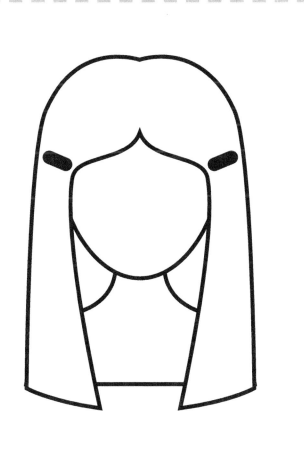

HAIR

WŁOSY

50+ ŁATWYCH ANGIELSKO-POLSKICH SŁÓW ZE ZDJĘCIAMI! KSIĄŻECZKA DO KOLOROWANIA, WYCINANIA I NAUKI JĘZYKA DLA MAŁYCH DZIECI: NAUCZMY SIĘ KOLOROWANIA, WYCINANIA I PIERWSZYCH SŁÓW W JĘZYKU ANGIELSKIM 50+ EASY ENGLISH POLISH WORDS WITH PICTURES! COLORING, CUTTING AND LEARNING ACTIVITY BOOK FOR TODDLERS: LET'S LEARN SCISSOR SKILLS AND FIRST ANIMALS, FRUITS, VEGETABLES, SHAPES AND MORE 50+ ŁATWYCH ANGIELSKO-POLSKICH SŁÓW ZE ZDJĘCIAMI! KSIĄŻECZKA DO KOLOROWANIA, WYCINANIA I NAUKI JĘZYKA DLA MAŁYCH DZIECI: NAUCZMY SIĘ KOLOROWANIA, WYCINANIA I PIERWSZYCH SŁÓW W JĘZYKU ANGIELSKIM 50+ EASY ENGLISH POLISH WORDS WITH PICTURES! COLORING, CUTTING AND LEARNING ACTIVITY BOOK FOR TODDLERS: LET'S LEARN SCISSOR SKILLS AND FIRST ANIMALS, FRUITS, VEGETABLES, SHAPES AND MORE 50+ ŁATWYCH ANGIELSKO-POLSKICH SŁÓW ZE ZDJĘCIAMI! KSIĄŻECZKA DO KOLOROWANIA, WYCINANIA I NAUKI JĘZYKA DLA MAŁYCH DZIECI: NAUCZMY SIĘ KOLOROWANIA, WYCINANIA I PIERWSZYCH SŁÓW W JĘZYKU ANGIELSKIM 50+ EASY ENGLISH POLISH WORDS WITH PICTURES! COLORING, CUTTING AND LEARNING ACTIVITY BOOK FOR TODDLERS: LET'S LEARN SCISSOR SKILLS AND FIRST ANIMALS, FRUITS, VEGETABLES, SHAPES AND MORE 50+ ŁATWYCH ANGIELSKO-POLSKICH SŁÓW ZE

BODY PARTS

CZĘŚCI CIAŁA

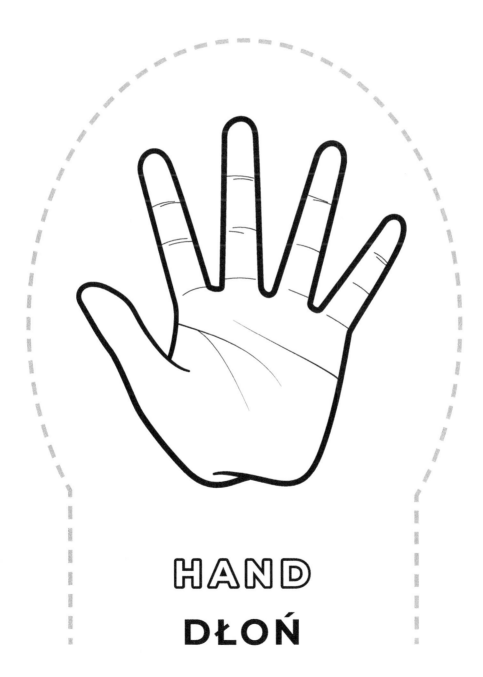

HAND

DŁOŃ

50+ ŁATWYCH ANGIELSKO-POLSKICH SŁÓW ZE ZDJĘCIAMI! KSIĄŻECZKA DO KOLOROWANIA, WYCINANIA I NAUKI JĘZYKA DLA MAŁYCH DZIECI: NAUCZMY SIĘ KOLOROWANIA, WYCINANIA I PIERWSZYCH SŁÓW W JĘZYKU ANGIELSKIM 50+ EASY ENGLISH POLISH WORDS WITH PICTURES! COLORING, CUTTING AND LEARNING ACTIVITY BOOK FOR TODDLERS: LET'S LEARN SCISSOR SKILLS AND FIRST ANIMALS, FRUITS, VEGETABLES, SHAPES AND MORE 50+ ŁATWYCH ANGIELSKO-POLSKICH SŁÓW ZE ZDJĘCIAMI! KSIĄŻECZKA DO KOLOROWANIA, WYCINANIA I NAUKI JĘZYKA DLA MAŁYCH DZIECI: NAUCZMY SIĘ KOLOROWANIA, WYCINANIA I PIERWSZYCH SŁÓW W JĘZYKU ANGIELSKIM 50+ EASY ENGLISH POLISH WORDS WITH PICTURES! COLORING, CUTTING AND LEARNING ACTIVITY BOOK FOR TODDLERS: LET'S LEARN SCISSOR SKILLS AND FIRST ANIMALS, FRUITS, VEGETABLES, SHAPES AND MORE 50+ ŁATWYCH ANGIELSKO-POLSKICH SŁÓW ZE ZDJĘCIAMI! KSIĄŻECZKA DO KOLOROWANIA, WYCINANIA I NAUKI JĘZYKA DLA MAŁYCH DZIECI: NAUCZMY SIĘ KOLOROWANIA, WYCINANIA I PIERWSZYCH SŁÓW W JĘZYKU ANGIELSKIM 50+ EASY ENGLISH POLISH WORDS WITH PICTURES! COLORING, CUTTING AND LEARNING ACTIVITY BOOK FOR TODDLERS: LET'S LEARN SCISSOR SKILLS AND FIRST ANIMALS, FRUITS, VEGETABLES, SHAPES AND MORE 50+ ŁATWYCH ANGIELSKO-POLSKICH SŁÓW ZE

BODY PARTS

CZĘŚCI CIAŁA

ARM

RĘKA

50+ ŁATWYCH ANGIELSKO-POLSKICH SŁÓW ZE ZDJĘCIAMI! KSIĄŻECZKA DO KOLOROWANIA, WYCINANIA I NAUKI JĘZYKA DLA MAŁYCH DZIECI: NAUCZMY SIĘ KOLOROWANIA, WYCINANIA I PIERWSZYCH SŁÓW W JĘZYKU ANGIELSKIM 50+ EASY ENGLISH POLISH WORDS WITH PICTURES! COLORING, CUTTING AND LEARNING ACTIVITY BOOK FOR TODDLERS: LET'S LEARN SCISSOR SKILLS AND FIRST ANIMALS, FRUITS, VEGETABLES, SHAPES AND MORE 50+ ŁATWYCH ANGIELSKO-POLSKICH SŁÓW ZE ZDJĘCIAMI! KSIĄŻECZKA DO KOLOROWANIA, WYCINANIA I NAUKI JĘZYKA DLA MAŁYCH DZIECI: NAUCZMY SIĘ KOLOROWANIA, WYCINANIA I PIERWSZYCH SŁÓW W JĘZYKU ANGIELSKIM 50+ EASY ENGLISH POLISH WORDS WITH PICTURES! COLORING, CUTTING AND LEARNING ACTIVITY BOOK FOR TODDLERS: LET'S LEARN SCISSOR SKILLS AND FIRST ANIMALS, FRUITS, VEGETABLES, SHAPES AND MORE 50+ ŁATWYCH ANGIELSKO-POLSKICH SŁÓW ZE ZDJĘCIAMI! KSIĄŻECZKA DO KOLOROWANIA, WYCINANIA I NAUKI JĘZYKA DLA MAŁYCH DZIECI: NAUCZMY SIĘ KOLOROWANIA, WYCINANIA I PIERWSZYCH SŁÓW W JĘZYKU ANGIELSKIM 50+ EASY ENGLISH POLISH WORDS WITH PICTURES! COLORING, CUTTING AND LEARNING ACTIVITY BOOK FOR TODDLERS: LET'S LEARN SCISSOR SKILLS AND FIRST ANIMALS, FRUITS, VEGETABLES, SHAPES AND MORE 50+ ŁATWYCH ANGIELSKO-POLSKICH SŁÓW ZE

BODY PARTS

CZĘŚCI CIAŁA

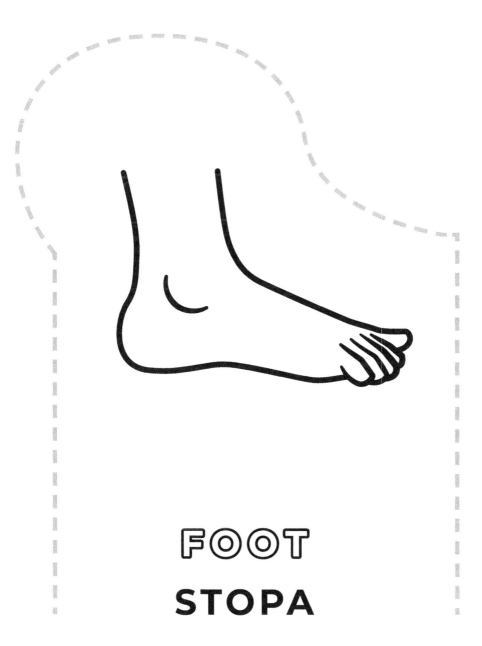

FOOT

STOPA

50+ ŁATWYCH ANGIELSKO-POLSKICH SŁÓW ZE ZDJĘCIAMI! KSIĄŻECZKA DO KOLOROWANIA, WYCINANIA I NAUKI JĘZYKA DLA MAŁYCH DZIECI: NAUCZMY SIĘ KOLOROWANIA, WYCINANIA I PIERWSZYCH SŁÓW W JĘZYKU ANGIELSKIM 50+ EASY ENGLISH POLISH WORDS WITH PICTURES! COLORING, CUTTING AND LEARNING ACTIVITY BOOK FOR TODDLERS: LET'S LEARN SCISSOR SKILLS AND FIRST ANIMALS, FRUITS, VEGETABLES, SHAPES AND MORE

50+ ŁATWYCH ANGIELSKO-POLSKICH SŁÓW ZE ZDJĘCIAMI! KSIĄŻECZKA DO KOLOROWANIA, WYCINANIA I NAUKI JĘZYKA DLA MAŁYCH DZIECI: NAUCZMY SIĘ KOLOROWANIA, WYCINANIA I PIERWSZYCH SŁÓW W JĘZYKU ANGIELSKIM 50+ EASY ENGLISH POLISH WORDS WITH PICTURES! COLORING, CUTTING AND LEARNING ACTIVITY BOOK FOR TODDLERS: LET'S LEARN SCISSOR SKILLS AND FIRST ANIMALS, FRUITS, VEGETABLES, SHAPES AND MORE

50+ ŁATWYCH ANGIELSKO-POLSKICH SŁÓW ZE ZDJĘCIAMI! KSIĄŻECZKA DO KOLOROWANIA, WYCINANIA I NAUKI JĘZYKA DLA MAŁYCH DZIECI: NAUCZMY SIĘ KOLOROWANIA, WYCINANIA I PIERWSZYCH SŁÓW W JĘZYKU ANGIELSKIM 50+ EASY ENGLISH POLISH WORDS WITH PICTURES! COLORING, CUTTING AND LEARNING ACTIVITY BOOK FOR TODDLERS: LET'S LEARN SCISSOR SKILLS AND FIRST ANIMALS, FRUITS, VEGETABLES, SHAPES AND MORE

50+ ŁATWYCH ANGIELSKO-POLSKICH SŁÓW ZE

BODY PARTS

CZĘŚCI CIAŁA

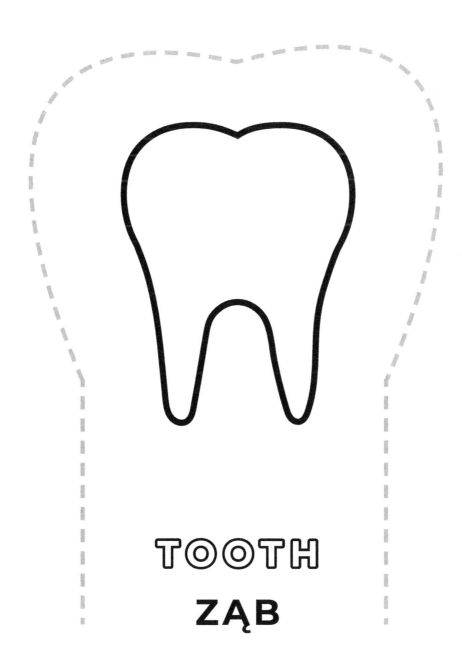

TOOTH

ZĄB

50+ ŁATWYCH ANGIELSKO-POLSKICH SŁÓW ZE ZDJĘCIAMI! KSIĄŻECZKA DO KOLOROWANIA, WYCINANIA I NAUKI JĘZYKA DLA MAŁYCH DZIECI: NAUCZMY SIĘ KOLOROWANIA, WYCINANIA I PIERWSZYCH SŁÓW W JĘZYKU ANGIELSKIM 50+ EASY ENGLISH POLISH WORDS WITH PICTURES! COLORING, CUTTING AND LEARNING ACTIVITY BOOK FOR TODDLERS: LET'S LEARN SCISSOR SKILLS AND FIRST ANIMALS, FRUITS, VEGETABLES, SHAPES AND MORE

50+ ŁATWYCH ANGIELSKO-POLSKICH SŁÓW ZE ZDJĘCIAMI! KSIĄŻECZKA DO KOLOROWANIA, WYCINANIA I NAUKI JĘZYKA DLA MAŁYCH DZIECI: NAUCZMY SIĘ KOLOROWANIA, WYCINANIA I PIERWSZYCH SŁÓW W JĘZYKU ANGIELSKIM 50+ EASY ENGLISH POLISH WORDS WITH PICTURES! COLORING, CUTTING AND LEARNING ACTIVITY BOOK FOR TODDLERS: LET'S LEARN SCISSOR SKILLS AND FIRST ANIMALS, FRUITS, VEGETABLES, SHAPES AND MORE

50+ ŁATWYCH ANGIELSKO-POLSKICH SŁÓW ZE ZDJĘCIAMI! KSIĄŻECZKA DO KOLOROWANIA, WYCINANIA I NAUKI JĘZYKA DLA MAŁYCH DZIECI: NAUCZMY SIĘ KOLOROWANIA, WYCINANIA I PIERWSZYCH SŁÓW W JĘZYKU ANGIELSKIM 50+ EASY ENGLISH POLISH WORDS WITH PICTURES! COLORING, CUTTING AND LEARNING ACTIVITY BOOK FOR TODDLERS: LET'S LEARN SCISSOR SKILLS AND FIRST ANIMALS, FRUITS, VEGETABLES, SHAPES AND MORE

50+ ŁATWYCH ANGIELSKO-POLSKICH SŁÓW ZE

EMOTIONS

EMOCJE

HAPPY

SZCZĘŚLIWY

50+ ŁATWYCH ANGIELSKO-POLSKICH SŁÓW ZE ZDJĘCIAMI! KSIĄŻECZKA DO KOLOROWANIA, WYCINANIA I NAUKI JĘZYKA DLA MAŁYCH DZIECI: NAUCZMY SIĘ KOLOROWANIA, WYCINANIA I PIERWSZYCH SŁÓW W JĘZYKU ANGIELSKIM 50+ EASY ENGLISH POLISH WORDS WITH PICTURES! COLORING, CUTTING AND LEARNING ACTIVITY BOOK FOR TODDLERS: LET'S LEARN SCISSOR SKILLS AND FIRST ANIMALS, FRUITS, VEGETABLES, SHAPES AND MORE

50+ ŁATWYCH ANGIELSKO-POLSKICH SŁÓW ZE ZDJĘCIAMI! KSIĄŻECZKA DO KOLOROWANIA, WYCINANIA I NAUKI JĘZYKA DLA MAŁYCH DZIECI: NAUCZMY SIĘ KOLOROWANIA, WYCINANIA I PIERWSZYCH SŁÓW W JĘZYKU ANGIELSKIM 50+ EASY ENGLISH POLISH WORDS WITH PICTURES! COLORING, CUTTING AND LEARNING ACTIVITY BOOK FOR TODDLERS: LET'S LEARN SCISSOR SKILLS AND FIRST ANIMALS, FRUITS, VEGETABLES, SHAPES AND MORE

50+ ŁATWYCH ANGIELSKO-POLSKICH SŁÓW ZE ZDJĘCIAMI! KSIĄŻECZKA DO KOLOROWANIA, WYCINANIA I NAUKI JĘZYKA DLA MAŁYCH DZIECI: NAUCZMY SIĘ KOLOROWANIA, WYCINANIA I PIERWSZYCH SŁÓW W JĘZYKU ANGIELSKIM 50+ EASY ENGLISH POLISH WORDS WITH PICTURES! COLORING, CUTTING AND LEARNING ACTIVITY BOOK FOR TODDLERS: LET'S LEARN SCISSOR SKILLS AND FIRST ANIMALS, FRUITS, VEGETABLES, SHAPES AND MORE

50+ ŁATWYCH ANGIELSKO-POLSKICH SŁÓW ZE

EMOTIONS

EMOCJE

EXCITED

PODEKSCYTOWANY

50+ ŁATWYCH ANGIELSKO-POLSKICH SŁÓW ZE ZDJĘCIAMI! KSIĄŻECZKA DO KOLOROWANIA, WYCINANIA I NAUKI JĘZYKA DLA MAŁYCH DZIECI: NAUCZMY SIĘ KOLOROWANIA, WYCINANIA I PIERWSZYCH SŁÓW W JĘZYKU ANGIELSKIM 50+ EASY ENGLISH POLISH WORDS WITH PICTURES! COLORING, CUTTING AND LEARNING ACTIVITY BOOK FOR TODDLERS: LET'S LEARN SCISSOR SKILLS AND FIRST ANIMALS, FRUITS, VEGETABLES, SHAPES AND MORE 50+ ŁATWYCH ANGIELSKO-POLSKICH SŁÓW ZE ZDJĘCIAMI! KSIĄŻECZKA DO KOLOROWANIA, WYCINANIA I NAUKI JĘZYKA DLA MAŁYCH DZIECI: NAUCZMY SIĘ KOLOROWANIA, WYCINANIA I PIERWSZYCH SŁÓW W JĘZYKU ANGIELSKIM 50+ EASY ENGLISH POLISH WORDS WITH PICTURES! COLORING, CUTTING AND LEARNING ACTIVITY BOOK FOR TODDLERS: LET'S LEARN SCISSOR SKILLS AND FIRST ANIMALS, FRUITS, VEGETABLES, SHAPES AND MORE 50+ ŁATWYCH ANGIELSKO-POLSKICH SŁÓW ZE ZDJĘCIAMI! KSIĄŻECZKA DO KOLOROWANIA, WYCINANIA I NAUKI JĘZYKA DLA MAŁYCH DZIECI: NAUCZMY SIĘ KOLOROWANIA, WYCINANIA I PIERWSZYCH SŁÓW W JĘZYKU ANGIELSKIM 50+ EASY ENGLISH POLISH WORDS WITH PICTURES! COLORING, CUTTING AND LEARNING ACTIVITY BOOK FOR TODDLERS: LET'S LEARN SCISSOR SKILLS AND FIRST ANIMALS, FRUITS, VEGETABLES, SHAPES AND MORE 50+ ŁATWYCH ANGIELSKO-POLSKICH SŁÓW ZE

EMOTIONS

EMOCJE

SAD

SMUTNY

50+ ŁATWYCH ANGIELSKO-POLSKICH SŁÓW ZE ZDJĘCIAMI! KSIĄŻECZKA DO KOLOROWANIA, WYCINANIA I NAUKI JĘZYKA DLA MAŁYCH DZIECI: NAUCZMY SIĘ KOLOROWANIA, WYCINANIA I PIERW-SZYCH SŁÓW W JĘZYKU ANGIELSKIM 50+ EASY ENGLISH POLISH WORDS WITH PICTURES! COLO-RING, CUTTING AND LEARNING ACTIVITY BOOK FOR TODDLERS: LET'S LEARN SCISSOR SKILLS AND FIRST ANIMALS, FRUITS, VEGETABLES, SHAPES AND MORE

50+ ŁATWYCH ANGIELSKO-POLSKICH SŁÓW ZE ZDJĘCIAMI! KSIĄŻECZKA DO KOLOROWANIA, WYCINANIA I NAUKI JĘZYKA DLA MAŁYCH DZIECI: NAUCZMY SIĘ KOLOROWANIA, WYCINANIA I PIERW-SZYCH SŁÓW W JĘZYKU ANGIELSKIM 50+ EASY ENGLISH POLISH WORDS WITH PICTURES! COLO-RING, CUTTING AND LEARNING ACTIVITY BOOK FOR TODDLERS: LET'S LEARN SCISSOR SKILLS AND FIRST ANIMALS, FRUITS, VEGETABLES, SHAPES AND MORE

50+ ŁATWYCH ANGIELSKO-POLSKICH SŁÓW ZE ZDJĘCIAMI! KSIĄŻECZKA DO KOLOROWANIA, WYCINANIA I NAUKI JĘZYKA DLA MAŁYCH DZIECI: NAUCZMY SIĘ KOLOROWANIA, WYCINANIA I PIERW-SZYCH SŁÓW W JĘZYKU ANGIELSKIM 50+ EASY ENGLISH POLISH WORDS WITH PICTURES! COLO-RING, CUTTING AND LEARNING ACTIVITY BOOK FOR TODDLERS: LET'S LEARN SCISSOR SKILLS AND FIRST ANIMALS, FRUITS, VEGETABLES, SHAPES AND MORE

50+ ŁATWYCH ANGIELSKO-POLSKICH SŁÓW ZE

EMOTIONS

EMOCJE

VERY SAD

BARDZO SMUTNY

50+ ŁATWYCH ANGIELSKO-POLSKICH SŁÓW ZE ZDJĘCIAMI! KSIĄŻECZKA DO KOLOROWANIA, WYCINANIA I NAUKI JĘZYKA DLA MAŁYCH DZIECI: NAUCZMY SIĘ KOLOROWANIA, WYCINANIA I PIERWSZYCH SŁÓW W JĘZYKU ANGIELSKIM 50+ EASY ENGLISH POLISH WORDS WITH PICTURES! COLORING, CUTTING AND LEARNING ACTIVITY BOOK FOR TODDLERS: LET'S LEARN SCISSOR SKILLS AND FIRST ANIMALS, FRUITS, VEGETABLES, SHAPES AND MORE

50+ ŁATWYCH ANGIELSKO-POLSKICH SŁÓW ZE ZDJĘCIAMI! KSIĄŻECZKA DO KOLOROWANIA, WYCINANIA I NAUKI JĘZYKA DLA MAŁYCH DZIECI: NAUCZMY SIĘ KOLOROWANIA, WYCINANIA I PIERWSZYCH SŁÓW W JĘZYKU ANGIELSKIM 50+ EASY ENGLISH POLISH WORDS WITH PICTURES! COLORING, CUTTING AND LEARNING ACTIVITY BOOK FOR TODDLERS: LET'S LEARN SCISSOR SKILLS AND FIRST ANIMALS, FRUITS, VEGETABLES, SHAPES AND MORE

50+ ŁATWYCH ANGIELSKO-POLSKICH SŁÓW ZE ZDJĘCIAMI! KSIĄŻECZKA DO KOLOROWANIA, WYCINANIA I NAUKI JĘZYKA DLA MAŁYCH DZIECI: NAUCZMY SIĘ KOLOROWANIA, WYCINANIA I PIERWSZYCH SŁÓW W JĘZYKU ANGIELSKIM 50+ EASY ENGLISH POLISH WORDS WITH PICTURES! COLORING, CUTTING AND LEARNING ACTIVITY BOOK FOR TODDLERS: LET'S LEARN SCISSOR SKILLS AND FIRST ANIMALS, FRUITS, VEGETABLES, SHAPES AND MORE

50+ ŁATWYCH ANGIELSKO-POLSKICH SŁÓW ZE

EMOTIONS

EMOCJE

UPSET

ZDENERWOWANY

50+ ŁATWYCH ANGIELSKO-POLSKICH SŁÓW ZE ZDJĘCIAMI! KSIĄŻECZKA DO KOLOROWANIA, WYCINANIA I NAUKI JĘZYKA DLA MAŁYCH DZIECI: NAUCZMY SIĘ KOLOROWANIA, WYCINANIA I PIERWSZYCH SŁÓW W JĘZYKU ANGIELSKIM 50+ EASY ENGLISH POLISH WORDS WITH PICTURES! COLORING, CUTTING AND LEARNING ACTIVITY BOOK FOR TODDLERS: LET'S LEARN SCISSOR SKILLS AND FIRST ANIMALS, FRUITS, VEGETABLES, SHAPES AND MORE

50+ ŁATWYCH ANGIELSKO-POLSKICH SŁÓW ZE ZDJĘCIAMI! KSIĄŻECZKA DO KOLOROWANIA, WYCINANIA I NAUKI JĘZYKA DLA MAŁYCH DZIECI: NAUCZMY SIĘ KOLOROWANIA, WYCINANIA I PIERWSZYCH SŁÓW W JĘZYKU ANGIELSKIM 50+ EASY ENGLISH POLISH WORDS WITH PICTURES! COLORING, CUTTING AND LEARNING ACTIVITY BOOK FOR TODDLERS: LET'S LEARN SCISSOR SKILLS AND FIRST ANIMALS, FRUITS, VEGETABLES, SHAPES AND MORE

50+ ŁATWYCH ANGIELSKO-POLSKICH SŁÓW ZE ZDJĘCIAMI! KSIĄŻECZKA DO KOLOROWANIA, WYCINANIA I NAUKI JĘZYKA DLA MAŁYCH DZIECI: NAUCZMY SIĘ KOLOROWANIA, WYCINANIA I PIERWSZYCH SŁÓW W JĘZYKU ANGIELSKIM 50+ EASY ENGLISH POLISH WORDS WITH PICTURES! COLORING, CUTTING AND LEARNING ACTIVITY BOOK FOR TODDLERS: LET'S LEARN SCISSOR SKILLS AND FIRST ANIMALS, FRUITS, VEGETABLES, SHAPES AND MORE

50+ ŁATWYCH ANGIELSKO-POLSKICH SŁÓW ZE

EMOTIONS

EMOCJE

SHY

NIEŚMIAŁY

50+ ŁATWYCH ANGIELSKO-POLSKICH SŁÓW ZE ZDJĘCIAMI! KSIĄŻECZKA DO KOLOROWANIA, WYCINANIA I NAUKI JĘZYKA DLA MAŁYCH DZIECI: NAUCZMY SIĘ KOLOROWANIA, WYCINANIA I PIERWSZYCH SŁÓW W JĘZYKU ANGIELSKIM 50+ EASY ENGLISH POLISH WORDS WITH PICTURES! COLORING, CUTTING AND LEARNING ACTIVITY BOOK FOR TODDLERS: LET'S LEARN SCISSOR SKILLS AND FIRST ANIMALS, FRUITS, VEGETABLES, SHAPES AND MORE

50+ ŁATWYCH ANGIELSKO-POLSKICH SŁÓW ZE ZDJĘCIAMI! KSIĄŻECZKA DO KOLOROWANIA, WYCINANIA I NAUKI JĘZYKA DLA MAŁYCH DZIECI: NAUCZMY SIĘ KOLOROWANIA, WYCINANIA I PIERWSZYCH SŁÓW W JĘZYKU ANGIELSKIM 50+ EASY ENGLISH POLISH WORDS WITH PICTURES! COLORING, CUTTING AND LEARNING ACTIVITY BOOK FOR TODDLERS: LET'S LEARN SCISSOR SKILLS AND FIRST ANIMALS, FRUITS, VEGETABLES, SHAPES AND MORE

50+ ŁATWYCH ANGIELSKO-POLSKICH SŁÓW ZE ZDJĘCIAMI! KSIĄŻECZKA DO KOLOROWANIA, WYCINANIA I NAUKI JĘZYKA DLA MAŁYCH DZIECI: NAUCZMY SIĘ KOLOROWANIA, WYCINANIA I PIERWSZYCH SŁÓW W JĘZYKU ANGIELSKIM 50+ EASY ENGLISH POLISH WORDS WITH PICTURES! COLORING, CUTTING AND LEARNING ACTIVITY BOOK FOR TODDLERS: LET'S LEARN SCISSOR SKILLS AND FIRST ANIMALS, FRUITS, VEGETABLES, SHAPES AND MORE

50+ ŁATWYCH ANGIELSKO-POLSKICH SŁÓW ZE

EMOTIONS

EMOCJE

ANGRY

ZŁY

50+ ŁATWYCH ANGIELSKO-POLSKICH SŁÓW ZE ZDJĘCIAMI! KSIĄŻECZKA DO KOLOROWANIA, WYCINANIA I NAUKI JĘZYKA DLA MAŁYCH DZIECI: NAUCZMY SIĘ KOLOROWANIA, WYCINANIA I PIERW- SZYCH SŁÓW W JĘZYKU ANGIELSKIM 50+ EASY ENGLISH POLISH WORDS WITH PICTURES! COLO- RING, CUTTING AND LEARNING ACTIVITY BOOK FOR TODDLERS: LET'S LEARN SCISSOR SKILLS AND FIRST ANIMALS, FRUITS, VEGETABLES, SHAPES AND MORE 50+ ŁATWYCH ANGIELSKO-POLSKICH SŁÓW ZE ZDJĘCIAMI! KSIĄŻECZKA DO KOLOROWANIA, WYCINANIA I NAUKI JĘZYKA DLA MAŁYCH DZIECI: NAUCZMY SIĘ KOLOROWANIA, WYCINANIA I PIERW- SZYCH SŁÓW W JĘZYKU ANGIELSKIM 50+ EASY ENGLISH POLISH WORDS WITH PICTURES! COLO- RING, CUTTING AND LEARNING ACTIVITY BOOK FOR TODDLERS: LET'S LEARN SCISSOR SKILLS AND FIRST ANIMALS, FRUITS, VEGETABLES, SHAPES AND MORE 50+ ŁATWYCH ANGIELSKO-POLSKICH SŁÓW ZE ZDJĘCIAMI! KSIĄŻECZKA DO KOLOROWANIA, WYCINANIA I NAUKI JĘZYKA DLA MAŁYCH DZIECI: NAUCZMY SIĘ KOLOROWANIA, WYCINANIA I PIERW- SZYCH SŁÓW W JĘZYKU ANGIELSKIM 50+ EASY ENGLISH POLISH WORDS WITH PICTURES! COLO- RING, CUTTING AND LEARNING ACTIVITY BOOK FOR TODDLERS: LET'S LEARN SCISSOR SKILLS AND FIRST ANIMALS, FRUITS, VEGETABLES, SHAPES AND MORE 50+ ŁATWYCH ANGIELSKO-POLSKICH SŁÓW ZE

EMOTIONS

EMOCJE

DISGUSTED

OBURZONY

50+ ŁATWYCH ANGIELSKO-POLSKICH SŁÓW ZE ZDJĘCIAMI! KSIĄŻECZKA DO KOLOROWANIA, WYCINANIA I NAUKI JĘZYKA DLA MAŁYCH DZIECI: NAUCZMY SIĘ KOLOROWANIA, WYCINANIA I PIERWSZYCH SŁÓW W JĘZYKU ANGIELSKIM 50+ EASY ENGLISH POLISH WORDS WITH PICTURES! COLORING, CUTTING AND LEARNING ACTIVITY BOOK FOR TODDLERS: LET'S LEARN SCISSOR SKILLS AND FIRST ANIMALS, FRUITS, VEGETABLES, SHAPES AND MORE

50+ ŁATWYCH ANGIELSKO-POLSKICH SŁÓW ZE ZDJĘCIAMI! KSIĄŻECZKA DO KOLOROWANIA, WYCINANIA I NAUKI JĘZYKA DLA MAŁYCH DZIECI: NAUCZMY SIĘ KOLOROWANIA, WYCINANIA I PIERWSZYCH SŁÓW W JĘZYKU ANGIELSKIM 50+ EASY ENGLISH POLISH WORDS WITH PICTURES! COLORING, CUTTING AND LEARNING ACTIVITY BOOK FOR TODDLERS: LET'S LEARN SCISSOR SKILLS AND FIRST ANIMALS, FRUITS, VEGETABLES, SHAPES AND MORE

50+ ŁATWYCH ANGIELSKO-POLSKICH SŁÓW ZE ZDJĘCIAMI! KSIĄŻECZKA DO KOLOROWANIA, WYCINANIA I NAUKI JĘZYKA DLA MAŁYCH DZIECI: NAUCZMY SIĘ KOLOROWANIA, WYCINANIA I PIERWSZYCH SŁÓW W JĘZYKU ANGIELSKIM 50+ EASY ENGLISH POLISH WORDS WITH PICTURES! COLORING, CUTTING AND LEARNING ACTIVITY BOOK FOR TODDLERS: LET'S LEARN SCISSOR SKILLS AND FIRST ANIMALS, FRUITS, VEGETABLES, SHAPES AND MORE

50+ ŁATWYCH ANGIELSKO-POLSKICH SŁÓW ZE

EMOTIONS

EMOCJE

SHOCKED

WSTRZĄŚNIĘTY

50+ ŁATWYCH ANGIELSKO-POLSKICH SŁÓW ZE ZDJĘCIAMI! KSIĄŻECZKA DO KOLOROWANIA, WYCINANIA I NAUKI JĘZYKA DLA MAŁYCH DZIECI: NAUCZMY SIĘ KOLOROWANIA, WYCINANIA I PIERWSZYCH SŁÓW W JĘZYKU ANGIELSKIM 50+ EASY ENGLISH POLISH WORDS WITH PICTURES! COLORING, CUTTING AND LEARNING ACTIVITY BOOK FOR TODDLERS: LET'S LEARN SCISSOR SKILLS AND FIRST ANIMALS, FRUITS, VEGETABLES, SHAPES AND MORE

50+ ŁATWYCH ANGIELSKO-POLSKICH SŁÓW ZE ZDJĘCIAMI! KSIĄŻECZKA DO KOLOROWANIA, WYCINANIA I NAUKI JĘZYKA DLA MAŁYCH DZIECI: NAUCZMY SIĘ KOLOROWANIA, WYCINANIA I PIERWSZYCH SŁÓW W JĘZYKU ANGIELSKIM 50+ EASY ENGLISH POLISH WORDS WITH PICTURES! COLORING, CUTTING AND LEARNING ACTIVITY BOOK FOR TODDLERS: LET'S LEARN SCISSOR SKILLS AND FIRST ANIMALS, FRUITS, VEGETABLES, SHAPES AND MORE

50+ ŁATWYCH ANGIELSKO-POLSKICH SŁÓW ZE ZDJĘCIAMI! KSIĄŻECZKA DO KOLOROWANIA, WYCINANIA I NAUKI JĘZYKA DLA MAŁYCH DZIECI: NAUCZMY SIĘ KOLOROWANIA, WYCINANIA I PIERWSZYCH SŁÓW W JĘZYKU ANGIELSKIM 50+ EASY ENGLISH POLISH WORDS WITH PICTURES! COLORING, CUTTING AND LEARNING ACTIVITY BOOK FOR TODDLERS: LET'S LEARN SCISSOR SKILLS AND FIRST ANIMALS, FRUITS, VEGETABLES, SHAPES AND MORE

50+ ŁATWYCH ANGIELSKO-POLSKICH SŁÓW ZE

EMOTIONS

EMOCJE

THINKING

MYŚLĄCY

50+ ŁATWYCH ANGIELSKO-POLSKICH SŁÓW ZE ZDJĘCIAMI! KSIĄŻECZKA DO KOLOROWANIA, WYCINANIA I NAUKI JĘZYKA DLA MAŁYCH DZIECI: NAUCZMY SIĘ KOLOROWANIA, WYCINANIA I PIERWSZYCH SŁÓW W JĘZYKU ANGIELSKIM 50+ EASY ENGLISH POLISH WORDS WITH PICTURES! COLORING, CUTTING AND LEARNING ACTIVITY BOOK FOR TODDLERS: LET'S LEARN SCISSOR SKILLS AND FIRST ANIMALS, FRUITS, VEGETABLES, SHAPES AND MORE

50+ ŁATWYCH ANGIELSKO-POLSKICH SŁÓW ZE ZDJĘCIAMI! KSIĄŻECZKA DO KOLOROWANIA, WYCINANIA I NAUKI JĘZYKA DLA MAŁYCH DZIECI: NAUCZMY SIĘ KOLOROWANIA, WYCINANIA I PIERWSZYCH SŁÓW W JĘZYKU ANGIELSKIM 50+ EASY ENGLISH POLISH WORDS WITH PICTURES! COLORING, CUTTING AND LEARNING ACTIVITY BOOK FOR TODDLERS: LET'S LEARN SCISSOR SKILLS AND FIRST ANIMALS, FRUITS, VEGETABLES, SHAPES AND MORE

50+ ŁATWYCH ANGIELSKO-POLSKICH SŁÓW ZE ZDJĘCIAMI! KSIĄŻECZKA DO KOLOROWANIA, WYCINANIA I NAUKI JĘZYKA DLA MAŁYCH DZIECI: NAUCZMY SIĘ KOLOROWANIA, WYCINANIA I PIERWSZYCH SŁÓW W JĘZYKU ANGIELSKIM 50+ EASY ENGLISH POLISH WORDS WITH PICTURES! COLORING, CUTTING AND LEARNING ACTIVITY BOOK FOR TODDLERS: LET'S LEARN SCISSOR SKILLS AND FIRST ANIMALS, FRUITS, VEGETABLES, SHAPES AND MORE

50+ ŁATWYCH ANGIELSKO-POLSKICH SŁÓW ZE

SCHOOL SUPPLIES

PRZYBORY SZKOLNE

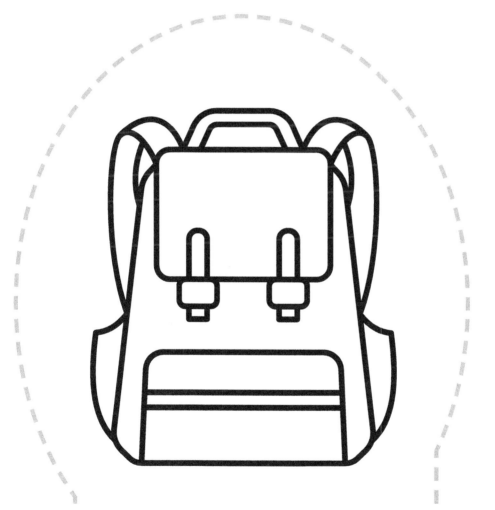

BACKPACK

PLECAK

50+ ŁATWYCH ANGIELSKO-POLSKICH SŁÓW ZE ZDJĘCIAMI! KSIĄŻECZKA DO KOLOROWANIA, WYCINANIA I NAUKI JĘZYKA DLA MAŁYCH DZIECI: NAUCZMY SIĘ KOLOROWANIA, WYCINANIA I PIERWSZYCH SŁÓW W JĘZYKU ANGIELSKIM 50+ EASY ENGLISH POLISH WORDS WITH PICTURES! COLORING, CUTTING AND LEARNING ACTIVITY BOOK FOR TODDLERS: LET'S LEARN SCISSOR SKILLS AND FIRST ANIMALS, FRUITS, VEGETABLES, SHAPES AND MORE

50+ ŁATWYCH ANGIELSKO-POLSKICH SŁÓW ZE ZDJĘCIAMI! KSIĄŻECZKA DO KOLOROWANIA, WYCINANIA I NAUKI JĘZYKA DLA MAŁYCH DZIECI: NAUCZMY SIĘ KOLOROWANIA, WYCINANIA I PIERWSZYCH SŁÓW W JĘZYKU ANGIELSKIM 50+ EASY ENGLISH POLISH WORDS WITH PICTURES! COLORING, CUTTING AND LEARNING ACTIVITY BOOK FOR TODDLERS: LET'S LEARN SCISSOR SKILLS AND FIRST ANIMALS, FRUITS, VEGETABLES, SHAPES AND MORE

50+ ŁATWYCH ANGIELSKO-POLSKICH SŁÓW ZE ZDJĘCIAMI! KSIĄŻECZKA DO KOLOROWANIA, WYCINANIA I NAUKI JĘZYKA DLA MAŁYCH DZIECI: NAUCZMY SIĘ KOLOROWANIA, WYCINANIA I PIERWSZYCH SŁÓW W JĘZYKU ANGIELSKIM 50+ EASY ENGLISH POLISH WORDS WITH PICTURES! COLORING, CUTTING AND LEARNING ACTIVITY BOOK FOR TODDLERS: LET'S LEARN SCISSOR SKILLS AND FIRST ANIMALS, FRUITS, VEGETABLES, SHAPES AND MORE

50+ ŁATWYCH ANGIELSKO-POLSKICH SŁÓW ZE

SCHOOL SUPPLIES

PRZYBORY SZKOLNE

BOOKS

KSIĄŻKI

50+ ŁATWYCH ANGIELSKO-POLSKICH SŁÓW ZE ZDJĘCIAMI! KSIĄŻECZKA DO KOLOROWANIA, WYCINANIA I NAUKI JĘZYKA DLA MAŁYCH DZIECI: NAUCZMY SIĘ KOLOROWANIA, WYCINANIA I PIERWSZYCH SŁÓW W JĘZYKU ANGIELSKIM 50+ EASY ENGLISH POLISH WORDS WITH PICTURES! COLORING, CUTTING AND LEARNING ACTIVITY BOOK FOR TODDLERS: LET'S LEARN SCISSOR SKILLS AND FIRST ANIMALS, FRUITS, VEGETABLES, SHAPES AND MORE

50+ ŁATWYCH ANGIELSKO-POLSKICH SŁÓW ZE ZDJĘCIAMI! KSIĄŻECZKA DO KOLOROWANIA, WYCINANIA I NAUKI JĘZYKA DLA MAŁYCH DZIECI: NAUCZMY SIĘ KOLOROWANIA, WYCINANIA I PIERWSZYCH SŁÓW W JĘZYKU ANGIELSKIM 50+ EASY ENGLISH POLISH WORDS WITH PICTURES! COLORING, CUTTING AND LEARNING ACTIVITY BOOK FOR TODDLERS: LET'S LEARN SCISSOR SKILLS AND FIRST ANIMALS, FRUITS, VEGETABLES, SHAPES AND MORE

50+ ŁATWYCH ANGIELSKO-POLSKICH SŁÓW ZE ZDJĘCIAMI! KSIĄŻECZKA DO KOLOROWANIA, WYCINANIA I NAUKI JĘZYKA DLA MAŁYCH DZIECI: NAUCZMY SIĘ KOLOROWANIA, WYCINANIA I PIERWSZYCH SŁÓW W JĘZYKU ANGIELSKIM 50+ EASY ENGLISH POLISH WORDS WITH PICTURES! COLORING, CUTTING AND LEARNING ACTIVITY BOOK FOR TODDLERS: LET'S LEARN SCISSOR SKILLS AND FIRST ANIMALS, FRUITS, VEGETABLES, SHAPES AND MORE

50+ ŁATWYCH ANGIELSKO-POLSKICH SŁÓW ZE

SCHOOL SUPPLIES

PRZYBORY SZKOLNE

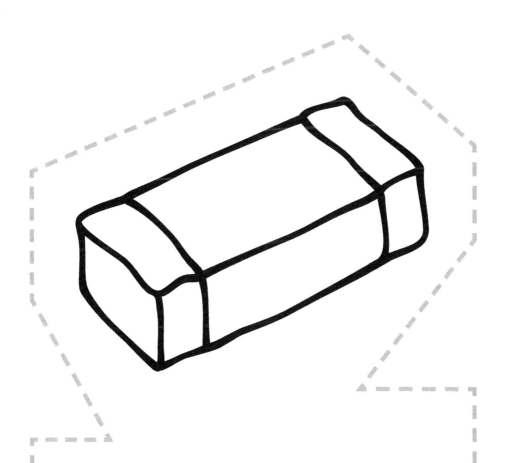

RUBBER

GUMKA

50+ ŁATWYCH ANGIELSKO-POLSKICH SŁÓW ZE ZDJĘCIAMI! KSIĄŻECZKA DO KOLOROWANIA, WYCINANIA I NAUKI JĘZYKA DLA MAŁYCH DZIECI: NAUCZMY SIĘ KOLOROWANIA, WYCINANIA I PIERW-SZYCH SŁÓW W JĘZYKU ANGIELSKIM 50+ EASY ENGLISH POLISH WORDS WITH PICTURES! COLO-RING, CUTTING AND LEARNING ACTIVITY BOOK FOR TODDLERS: LET'S LEARN SCISSOR SKILLS AND FIRST ANIMALS, FRUITS, VEGETABLES, SHAPES AND MORE 50+ ŁATWYCH ANGIELSKO-POLSKICH SŁÓW ZE ZDJĘCIAMI! KSIĄŻECZKA DO KOLOROWANIA, WYCINANIA I NAUKI JĘZYKA DLA MAŁYCH DZIECI: NAUCZMY SIĘ KOLOROWANIA, WYCINANIA I PIERW-SZYCH SŁÓW W JĘZYKU ANGIELSKIM 50+ EASY ENGLISH POLISH WORDS WITH PICTURES! COLO-RING, CUTTING AND LEARNING ACTIVITY BOOK FOR TODDLERS: LET'S LEARN SCISSOR SKILLS AND FIRST ANIMALS, FRUITS, VEGETABLES, SHAPES AND MORE 50+ ŁATWYCH ANGIELSKO-POLSKICH SŁÓW ZE ZDJĘCIAMI! KSIĄŻECZKA DO KOLOROWANIA, WYCINANIA I NAUKI JĘZYKA DLA MAŁYCH DZIECI: NAUCZMY SIĘ KOLOROWANIA, WYCINANIA I PIERW-SZYCH SŁÓW W JĘZYKU ANGIELSKIM 50+ EASY ENGLISH POLISH WORDS WITH PICTURES! COLO-RING, CUTTING AND LEARNING ACTIVITY BOOK FOR TODDLERS: LET'S LEARN SCISSOR SKILLS AND FIRST ANIMALS, FRUITS, VEGETABLES, SHAPES AND MORE 50+ ŁATWYCH ANGIELSKO-POLSKICH SŁÓW ZE

SCHOOL SUPPLIES

PRZYBORY SZKOLNE

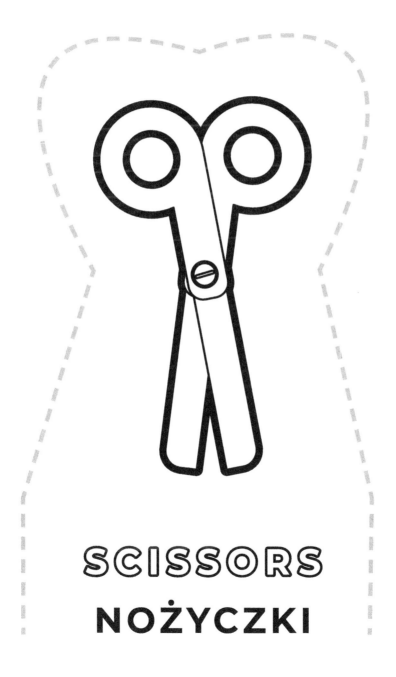

SCISSORS

NOŻYCZKI

50+ ŁATWYCH ANGIELSKO-POLSKICH SŁÓW ZE ZDJĘCIAMI! KSIĄŻECZKA DO KOLOROWANIA, WYCINANIA I NAUKI JĘZYKA DLA MAŁYCH DZIECI: NAUCZMY SIĘ KOLOROWANIA, WYCINANIA I PIERWSZYCH SŁÓW W JĘZYKU ANGIELSKIM 50+ EASY ENGLISH POLISH WORDS WITH PICTURES! COLORING, CUTTING AND LEARNING ACTIVITY BOOK FOR TODDLERS: LET'S LEARN SCISSOR SKILLS AND FIRST ANIMALS, FRUITS, VEGETABLES, SHAPES AND MORE

50+ ŁATWYCH ANGIELSKO-POLSKICH SŁÓW ZE ZDJĘCIAMI! KSIĄŻECZKA DO KOLOROWANIA, WYCINANIA I NAUKI JĘZYKA DLA MAŁYCH DZIECI: NAUCZMY SIĘ KOLOROWANIA, WYCINANIA I PIERWSZYCH SŁÓW W JĘZYKU ANGIELSKIM 50+ EASY ENGLISH POLISH WORDS WITH PICTURES! COLORING, CUTTING AND LEARNING ACTIVITY BOOK FOR TODDLERS: LET'S LEARN SCISSOR SKILLS AND FIRST ANIMALS, FRUITS, VEGETABLES, SHAPES AND MORE

50+ ŁATWYCH ANGIELSKO-POLSKICH SŁÓW ZE ZDJĘCIAMI! KSIĄŻECZKA DO KOLOROWANIA, WYCINANIA I NAUKI JĘZYKA DLA MAŁYCH DZIECI: NAUCZMY SIĘ KOLOROWANIA, WYCINANIA I PIERWSZYCH SŁÓW W JĘZYKU ANGIELSKIM 50+ EASY ENGLISH POLISH WORDS WITH PICTURES! COLORING, CUTTING AND LEARNING ACTIVITY BOOK FOR TODDLERS: LET'S LEARN SCISSOR SKILLS AND FIRST ANIMALS, FRUITS, VEGETABLES, SHAPES AND MORE

50+ ŁATWYCH ANGIELSKO-POLSKICH SŁÓW ZE

SCHOOL SUPPLIES

PRZYBORY SZKOLNE

PEN

DŁUGOPIS

50+ ŁATWYCH ANGIELSKO-POLSKICH SŁÓW ZE ZDJĘCIAMI! KSIĄŻECZKA DO KOLOROWANIA, WYCINANIA I NAUKI JĘZYKA DLA MAŁYCH DZIECI: NAUCZMY SIĘ KOLOROWANIA, WYCINANIA I PIERWSZYCH SŁÓW W JĘZYKU ANGIELSKIM 50+ EASY ENGLISH POLISH WORDS WITH PICTURES! COLORING, CUTTING AND LEARNING ACTIVITY BOOK FOR TODDLERS: LET'S LEARN SCISSOR SKILLS AND FIRST ANIMALS, FRUITS, VEGETABLES, SHAPES AND MORE

50+ ŁATWYCH ANGIELSKO-POLSKICH SŁÓW ZE ZDJĘCIAMI! KSIĄŻECZKA DO KOLOROWANIA, WYCINANIA I NAUKI JĘZYKA DLA MAŁYCH DZIECI: NAUCZMY SIĘ KOLOROWANIA, WYCINANIA I PIERWSZYCH SŁÓW W JĘZYKU ANGIELSKIM 50+ EASY ENGLISH POLISH WORDS WITH PICTURES! COLORING, CUTTING AND LEARNING ACTIVITY BOOK FOR TODDLERS: LET'S LEARN SCISSOR SKILLS AND FIRST ANIMALS, FRUITS, VEGETABLES, SHAPES AND MORE

50+ ŁATWYCH ANGIELSKO-POLSKICH SŁÓW ZE ZDJĘCIAMI! KSIĄŻECZKA DO KOLOROWANIA, WYCINANIA I NAUKI JĘZYKA DLA MAŁYCH DZIECI: NAUCZMY SIĘ KOLOROWANIA, WYCINANIA I PIERWSZYCH SŁÓW W JĘZYKU ANGIELSKIM 50+ EASY ENGLISH POLISH WORDS WITH PICTURES! COLORING, CUTTING AND LEARNING ACTIVITY BOOK FOR TODDLERS: LET'S LEARN SCISSOR SKILLS AND FIRST ANIMALS, FRUITS, VEGETABLES, SHAPES AND MORE

50+ ŁATWYCH ANGIELSKO-POLSKICH SŁÓW ZE

SCHOOL SUPPLIES

PRZYBORY SZKOLNE

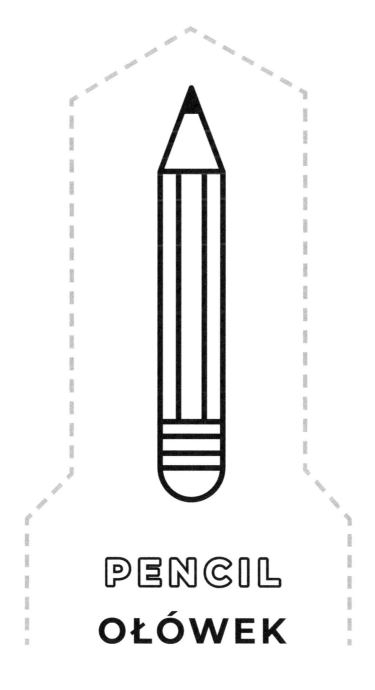

PENCIL

OŁÓWEK

50+ ŁATWYCH ANGIELSKO-POLSKICH SŁÓW ZE
ZDJĘCIAMI! KSIĄŻECZKA DO KOLOROWANIA,
WYCINANIA I NAUKI JĘZYKA DLA MAŁYCH DZIECI:
NAUCZMY SIĘ KOLOROWANIA, WYCINANIA I PIERW-
SZYCH SŁÓW W JĘZYKU ANGIELSKIM 50+ EASY
ENGLISH POLISH WORDS WITH PICTURES! COLO-
RING, CUTTING AND LEARNING ACTIVITY BOOK FOR
TODDLERS: LET'S LEARN SCISSOR SKILLS AND FIRST
ANIMALS, FRUITS, VEGETABLES, SHAPES AND MORE

50+ ŁATWYCH ANGIELSKO-POLSKICH SŁÓW ZE
ZDJĘCIAMI! KSIĄŻECZKA DO KOLOROWANIA,
WYCINANIA I NAUKI JĘZYKA DLA MAŁYCH DZIECI:
NAUCZMY SIĘ KOLOROWANIA, WYCINANIA I PIERW-
SZYCH SŁÓW W JĘZYKU ANGIELSKIM 50+ EASY
ENGLISH POLISH WORDS WITH PICTURES! COLO-
RING, CUTTING AND LEARNING ACTIVITY BOOK FOR
TODDLERS: LET'S LEARN SCISSOR SKILLS AND FIRST
ANIMALS, FRUITS, VEGETABLES, SHAPES AND MORE
50+ ŁATWYCH ANGIELSKO-POLSKICH SŁÓW ZE
ZDJĘCIAMI! KSIĄŻECZKA DO KOLOROWANIA,
WYCINANIA I NAUKI JĘZYKA DLA MAŁYCH DZIECI:
NAUCZMY SIĘ KOLOROWANIA, WYCINANIA I PIERW-
SZYCH SŁÓW W JĘZYKU ANGIELSKIM 50+ EASY
ENGLISH POLISH WORDS WITH PICTURES! COLO-
RING, CUTTING AND LEARNING ACTIVITY BOOK FOR
TODDLERS: LET'S LEARN SCISSOR SKILLS AND FIRST
ANIMALS, FRUITS, VEGETABLES, SHAPES AND MORE
50+ ŁATWYCH ANGIELSKO-POLSKICH SŁÓW ZE

SCHOOL SUPPLIES

PRZYBORY SZKOLNE

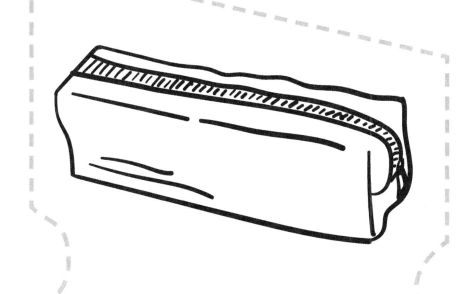

PENCIL CASE

PIÓRNIK

50+ ŁATWYCH ANGIELSKO-POLSKICH SŁÓW ZE ZDJĘCIAMI! KSIĄŻECZKA DO KOLOROWANIA, WYCINANIA I NAUKI JĘZYKA DLA MAŁYCH DZIECI: NAUCZMY SIĘ KOLOROWANIA, WYCINANIA I PIERWSZYCH SŁÓW W JĘZYKU ANGIELSKIM 50+ EASY ENGLISH POLISH WORDS WITH PICTURES! COLORING, CUTTING AND LEARNING ACTIVITY BOOK FOR TODDLERS: LET'S LEARN SCISSOR SKILLS AND FIRST ANIMALS, FRUITS, VEGETABLES, SHAPES AND MORE

50+ ŁATWYCH ANGIELSKO-POLSKICH SŁÓW ZE ZDJĘCIAMI! KSIĄŻECZKA DO KOLOROWANIA, WYCINANIA I NAUKI JĘZYKA DLA MAŁYCH DZIECI: NAUCZMY SIĘ KOLOROWANIA, WYCINANIA I PIERWSZYCH SŁÓW W JĘZYKU ANGIELSKIM 50+ EASY ENGLISH POLISH WORDS WITH PICTURES! COLORING, CUTTING AND LEARNING ACTIVITY BOOK FOR TODDLERS: LET'S LEARN SCISSOR SKILLS AND FIRST ANIMALS, FRUITS, VEGETABLES, SHAPES AND MORE

50+ ŁATWYCH ANGIELSKO-POLSKICH SŁÓW ZE ZDJĘCIAMI! KSIĄŻECZKA DO KOLOROWANIA, WYCINANIA I NAUKI JĘZYKA DLA MAŁYCH DZIECI: NAUCZMY SIĘ KOLOROWANIA, WYCINANIA I PIERWSZYCH SŁÓW W JĘZYKU ANGIELSKIM 50+ EASY ENGLISH POLISH WORDS WITH PICTURES! COLORING, CUTTING AND LEARNING ACTIVITY BOOK FOR TODDLERS: LET'S LEARN SCISSOR SKILLS AND FIRST ANIMALS, FRUITS, VEGETABLES, SHAPES AND MORE

50+ ŁATWYCH ANGIELSKO-POLSKICH SŁÓW ZE

SCHOOL SUPPLIES

PRZYBORY SZKOLNE

BLACKBOARD

TABLICA

50+ ŁATWYCH ANGIELSKO-POLSKICH SŁÓW ZE ZDJĘCIAMI! KSIĄŻECZKA DO KOLOROWANIA, WYCINANIA I NAUKI JĘZYKA DLA MAŁYCH DZIECI: NAUCZMY SIĘ KOLOROWANIA, WYCINANIA I PIERWSZYCH SŁÓW W JĘZYKU ANGIELSKIM 50+ EASY ENGLISH POLISH WORDS WITH PICTURES! COLORING, CUTTING AND LEARNING ACTIVITY BOOK FOR TODDLERS: LET'S LEARN SCISSOR SKILLS AND FIRST ANIMALS, FRUITS, VEGETABLES, SHAPES AND MORE

50+ ŁATWYCH ANGIELSKO-POLSKICH SŁÓW ZE ZDJĘCIAMI! KSIĄŻECZKA DO KOLOROWANIA, WYCINANIA I NAUKI JĘZYKA DLA MAŁYCH DZIECI: NAUCZMY SIĘ KOLOROWANIA, WYCINANIA I PIERWSZYCH SŁÓW W JĘZYKU ANGIELSKIM 50+ EASY ENGLISH POLISH WORDS WITH PICTURES! COLORING, CUTTING AND LEARNING ACTIVITY BOOK FOR TODDLERS: LET'S LEARN SCISSOR SKILLS AND FIRST ANIMALS, FRUITS, VEGETABLES, SHAPES AND MORE

50+ ŁATWYCH ANGIELSKO-POLSKICH SŁÓW ZE ZDJĘCIAMI! KSIĄŻECZKA DO KOLOROWANIA, WYCINANIA I NAUKI JĘZYKA DLA MAŁYCH DZIECI: NAUCZMY SIĘ KOLOROWANIA, WYCINANIA I PIERWSZYCH SŁÓW W JĘZYKU ANGIELSKIM 50+ EASY ENGLISH POLISH WORDS WITH PICTURES! COLORING, CUTTING AND LEARNING ACTIVITY BOOK FOR TODDLERS: LET'S LEARN SCISSOR SKILLS AND FIRST ANIMALS, FRUITS, VEGETABLES, SHAPES AND MORE

50+ ŁATWYCH ANGIELSKO-POLSKICH SŁÓW ZE

SCHOOL SUPPLIES

PRZYBORY SZKOLNE

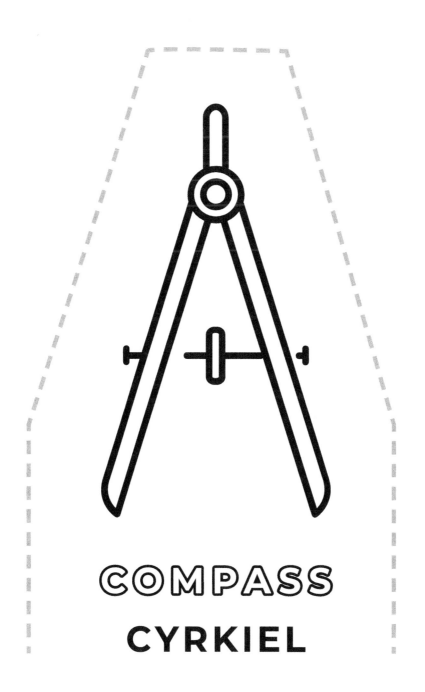

COMPASS

CYRKIEL

50+ ŁATWYCH ANGIELSKO-POLSKICH SŁÓW ZE ZDJĘCIAMI! KSIĄŻECZKA DO KOLOROWANIA, WYCINANIA I NAUKI JĘZYKA DLA MAŁYCH DZIECI: NAUCZMY SIĘ KOLOROWANIA, WYCINANIA I PIERWSZYCH SŁÓW W JĘZYKU ANGIELSKIM 50+ EASY ENGLISH POLISH WORDS WITH PICTURES! COLORING, CUTTING AND LEARNING ACTIVITY BOOK FOR TODDLERS: LET'S LEARN SCISSOR SKILLS AND FIRST ANIMALS, FRUITS, VEGETABLES, SHAPES AND MORE

50+ ŁATWYCH ANGIELSKO-POLSKICH SŁÓW ZE ZDJĘCIAMI! KSIĄŻECZKA DO KOLOROWANIA, WYCINANIA I NAUKI JĘZYKA DLA MAŁYCH DZIECI: NAUCZMY SIĘ KOLOROWANIA, WYCINANIA I PIERWSZYCH SŁÓW W JĘZYKU ANGIELSKIM 50+ EASY ENGLISH POLISH WORDS WITH PICTURES! COLORING, CUTTING AND LEARNING ACTIVITY BOOK FOR TODDLERS: LET'S LEARN SCISSOR SKILLS AND FIRST ANIMALS, FRUITS, VEGETABLES, SHAPES AND MORE

50+ ŁATWYCH ANGIELSKO-POLSKICH SŁÓW ZE ZDJĘCIAMI! KSIĄŻECZKA DO KOLOROWANIA, WYCINANIA I NAUKI JĘZYKA DLA MAŁYCH DZIECI: NAUCZMY SIĘ KOLOROWANIA, WYCINANIA I PIERWSZYCH SŁÓW W JĘZYKU ANGIELSKIM 50+ EASY ENGLISH POLISH WORDS WITH PICTURES! COLORING, CUTTING AND LEARNING ACTIVITY BOOK FOR TODDLERS: LET'S LEARN SCISSOR SKILLS AND FIRST ANIMALS, FRUITS, VEGETABLES, SHAPES AND MORE

50+ ŁATWYCH ANGIELSKO-POLSKICH SŁÓW ZE

SCHOOL SUPPLIES

PRZYBORY SZKOLNE

NOTEBOOK

ZESZYT

50+ ŁATWYCH ANGIELSKO-POLSKICH SŁÓW ZE ZDJĘCIAMI! KSIĄŻECZKA DO KOLOROWANIA, WYCINANIA I NAUKI JĘZYKA DLA MAŁYCH DZIECI: NAUCZMY SIĘ KOLOROWANIA, WYCINANIA I PIERWSZYCH SŁÓW W JĘZYKU ANGIELSKIM 50+ EASY ENGLISH POLISH WORDS WITH PICTURES! COLORING, CUTTING AND LEARNING ACTIVITY BOOK FOR TODDLERS: LET'S LEARN SCISSOR SKILLS AND FIRST ANIMALS, FRUITS, VEGETABLES, SHAPES AND MORE 50+ ŁATWYCH ANGIELSKO-POLSKICH SŁÓW ZE ZDJĘCIAMI! KSIĄŻECZKA DO KOLOROWANIA, WYCINANIA I NAUKI JĘZYKA DLA MAŁYCH DZIECI: NAUCZMY SIĘ KOLOROWANIA, WYCINANIA I PIERWSZYCH SŁÓW W JĘZYKU ANGIELSKIM 50+ EASY ENGLISH POLISH WORDS WITH PICTURES! COLORING, CUTTING AND LEARNING ACTIVITY BOOK FOR TODDLERS: LET'S LEARN SCISSOR SKILLS AND FIRST ANIMALS, FRUITS, VEGETABLES, SHAPES AND MORE 50+ ŁATWYCH ANGIELSKO-POLSKICH SŁÓW ZE ZDJĘCIAMI! KSIĄŻECZKA DO KOLOROWANIA, WYCINANIA I NAUKI JĘZYKA DLA MAŁYCH DZIECI: NAUCZMY SIĘ KOLOROWANIA, WYCINANIA I PIERWSZYCH SŁÓW W JĘZYKU ANGIELSKIM 50+ EASY ENGLISH POLISH WORDS WITH PICTURES! COLORING, CUTTING AND LEARNING ACTIVITY BOOK FOR TODDLERS: LET'S LEARN SCISSOR SKILLS AND FIRST ANIMALS, FRUITS, VEGETABLES, SHAPES AND MORE 50+ ŁATWYCH ANGIELSKO-POLSKICH SŁÓW ZE

Certyfikat

za Wspaniałą Pracę dla:

Certificate

for Great Work to:

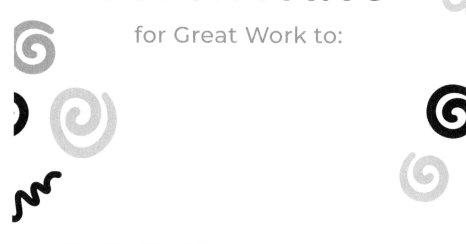

- - - - - - - - - -

Schemat procesu zapamiętywania

Już w XIXw niemiecki naukowiec Herman Ebbinghaus przeprowadził badania, których efektem było stworzenie krzywej zapominania, a co za tym idzie odkrycie skutecznego sposobu zapamiętywania informacji. [1]
W 2015 roku zespół badawczy z powodzeniem powtórzył te odkrycia i doszedł do wniosku, że jego metody i teorie nadal są aktualne. [2]

Krzywa zapominania Ebbinghausa

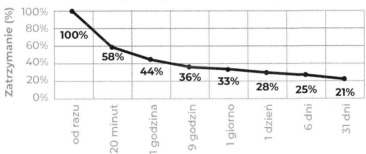

Z badań wynika, że człowiek zapomina nową informację niemal od razu po jej otrzymaniu. Większość z nich jest zapomina w ciągu pierwszej godziny, 2/3 w ciągu pierwszego dnia. Potem proces zapominania zwalnia.
Jednak po upływie miesiąca, w pamięci pozostaje tylko garstka informacji.

Na podstawie krzywej zapominania określono etapy optymalnego powtarzania nowych informacji, tak by zostały trwale zapamiętane.

Etapy przyswajania nowych informacji / słów:

1. Zapoznanie się z nowym słowem.
2. Powtórzenie po 20-30 minutach od poznania słowa.
3. Powtórzenie 1 dzień po drugim powtórzeniu.
4. Powtórzenie 2-3 tygodnie po trzecim powtórzeniu.
5. Powtórzenie 2-3 miesiące po czwartym powtórzeniu.
6. Informacja została trwale zapamiętana.

Życzymy miłej, radosnej i co najważniejsze owocnej nauki.

[1] Ebbinghaus, H. (1885). „Memory: A contribution to experimental psychology,' New York: Dover.
[2] Murre, J. M. & Dros, J. (2015). „Replication and Analysis of Ebbinghaus' Forgetting Curve,' PloS one, 10(7).

Scheme of the memorization process

Already in the 19th century, the German scientist Herman Ebbinghaus conducted research that resulted in the creation of a forgetting curve, and thus the discovery of an effective way to remember information. [1] In 2015, a research team successfully replicated his findings and concluded that his methods and theories still hold true. [2]

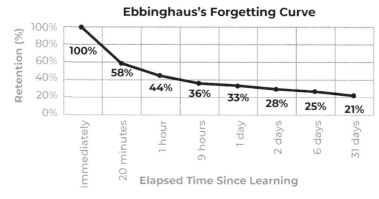

Studies have shown that people forget new information almost immediately after receiving it. Most of them are forgotten within the first hour, 2/3 within the first day. Then the forgetting process slows down. However, after a month, only a handful of information remains in the memory.

On the basis of the forgetting curve, the stages of optimal repetition of new information were determined so that it was permanently remembered.

Stages of acquiring new information / word:

1. Familiarization with a new word.
2. Repetition after 20-30 minutes of learning the word.
3. Repetition 1 day after the second repetition.
4. Repetition 2-3 weeks after the third repetition.
5. Repetition 2-3 months after the fourth repetition.
6. The information has been permanently stored.

We wish you a nice, joyful and most importantly, fruitful learning.

[1] Ebbinghaus, H. (1885). ‚Memory: A contribution to experimental psychology,' New York: Dover.
[2] Murre, J. M. & Dros, J. (2015). ‚Replication and Analysis of Ebbinghaus' Forgetting Curve,' PloS one, 10(7).

Printed in Great Britain
by Amazon

46087751R00066